Luigi Bettazzi

Das Zweite Vatikanum

Neustart der Kirche
aus den Wurzeln
des Glaubens

LUIGI BETTAZZI

DAS ZWEITE VATIKANUM

Neustart der Kirche
aus den Wurzeln
des Glaubens

Übersetzt aus dem Italienischen
von Barbara Häußler

echter

Die Originalausgabe erschien unter dem Titel
„Il Concilio, i giovani e il popolo di Dio"
bei Centro Editoriale Dehoniano
© 2011 Centro Editoriale Dehoniano
Die deutsche Ausgabe erfolgt durch Vermittlung
der Eulama Literary Agency.

Bibliografische Information der Deutschen Nationalbibliothek
Die Deutsche Nationalbibliothek verzeichnet diese Publikation in der
Deutschen Nationalbibliografie; detaillierte bibliografische Daten sind
im Internet über ‹http://dnb.d-nb.de› abrufbar.

© 2012 Echter Verlag GmbH, Würzburg
www.echter-verlag.de
Umschlaggestaltung: wunderlichundweigand.de
Umschlagfoto: KNA-Bild
Satz: Hain-Team, Bad Zwischenahn (www.hain-team.de)
Druck und Bindung: CPI – Clausen & Bosse, Leck
ISBN 978-3-429-03531-0

Inhalt

Vorwort 7

I. Einleitung

1. Zweckfrage und Sinnsuche 13
2. Suche nach Weisheit und Frage nach Gott 19
3. Ein Konzil für die Menschen von heute 23

II. Das Konzil für das Volk Gottes

1. Die großen Fragen der Menschheit 37
2. Werte – die Antworten des Konzils 41
   - 2.1. Offenheit für die gesamte Menschheit weltweit 41
   - 2.2. Sexualität, Wirtschaft, Frieden – die großen Überschriften von Teil II der Pastoralkonstitution 47
     - a) Sexualität 47
     - b) Wirtschaft 51
     - c) Frieden 54
   - 2.3. Glaube als Antriebskraft 57
3. Die Antworten des Konzils: das spezifisch Christliche 62
   - 3.1. Mit Gott auf Du und Du 62
   - 3.2. Durch Christus, mit Christus und in Christus 72
   - 3.3. Im Volk Gottes! 80

III. Das Volk Gottes für und durch das Konzil

1. Das Konzil, eine Aufgabe für
   das Volk Gottes 95
2. Zeugen und Zeuginnen des Wortes –
   Arme im Geiste 99
3. Sich mit Christus, dem vollkommenen
   Menschen, identifizieren 107
4. Erwachsene Christen und Christinnen
   in der Welt 115
5. Erwachsene Christen und Christinnen
   im Volk Gottes 121

Nachwort 125

Vorwort

Was war und ist das Zweite Vatikanische Konzil? Ich verstehe es als Gnade, die der Herr der Kirche des 20. Jahrhunderts geschenkt hat – die Gnade, sich zu erneuern. Papst Johannes XXIII. nannte dieses Konzil „ein Pfingsten für unsere Zeit". Das ist nicht so zufällig dahingesagt, sondern trifft den Kern der Sache. Nur wenige Monate nach seiner Wahl zum Papst hatte Johannes XXIII. völlig überraschend ein neues Konzil angekündigt – das nicht „dogmatisch", sondern „pastoral" ansetzen sollte. Mit diesem neuen Ansatz wird nicht, wie manche meinen, die Bedeutung des Konzils herabgesetzt. Im Gegenteil! Papst Johannes XXIII. hatte die Menschen im Blick. Eine neue, auf das Fühlen und Denken von Männern und Frauen eingehende Weise der Darlegung der seit jeher gültigen Lehre sollte helfen, diese besser zu verstehen und leben zu können, als dies bei der herkömmlichen Weise der Verkündigung möglich war.

„Aggiornamento" nannte Papst Johannes XXIII. diese Zielsetzung des Konzils. Denn er meinte, man solle Probleme nicht vertagen, sondern ihre Lösung an das Heute anpassen.

Bereits während des Konzils vertraten manche die Meinung und behaupten bis heute, das von Papst Johannes XXIII. angestrebte „Aggiornamento" stehe im Gegensatz zur Tradition – so als bedeute Tradition Unbeweglichkeit und Unveränderlichkeit. Doch steht das „Aggiornamento" nicht im Gegensatz zur Tradition. Es stellt vielmehr eine besondere Art der Weiterentwicklung von etwas Gegebenem dar: Der Begriff „Tradition" leitet sich vom lateinischen Verb „tradere", „weitergeben", her. Wichtig ist, auf welche Weise Einstellungen und Inhalte weitergegeben werden. Das lateinische Sprichwort: „in necessariis unitas, in dubiis libertas, in omnibus caritas" kennzeichnet treffend eine gute Art des Weitergebens: in den wesentlichen Dingen sei man standhaft und untereinander verbunden und in den noch strittigen Fragen frei – in allem aber walte die Liebe. Natürlich gibt es in der Lehre der Kirche einige Wahrheiten, die von Anfang an geglaubt wurden und die folglich als Definitionen unveränderlich bestehen bleiben. Viele Auslegungen der Bibel und viele Frömmigkeitsformen wurden jedoch von geschichtlichen Entwicklungen geprägt. Sie entwickelten sich im Zusammenhang mit dem Lebensgefühl und der philosophischen Prägung von Menschen unterschiedlicher Zeiten und verschiedener geschichtlicher Epochen. Es war völlig legitim, dass sich theologische Einsichten und Frömmigkeitsformen entweder weiterentwickelten oder auch wieder durch Neues ersetzt wurden.

Viel stärker als durch das Evangelium wurde die kirchliche Theologie manchmal durch bestimmte philosophische Schulen und ihre Fachbegriffe beeinflusst. Und Umgangsweisen sowie Herrschaftsformen innerhalb der Kirche orientierten sich mehr an den Machtstrukturen weltlicher Herrschaftshäuser als an Jesu Botschaft von der Nächstenliebe.

Wer die Kirche erneuern will, muss deswegen auf das Ursprüngliche und Wesentliche zurückgehen. Um das Wesentliche in den Mittelpunkt rücken zu können, muss man sich von den nebensächlichen Inhalten frei machen, die zwar auch mit der Tradition überliefert wurden, heute jedoch keine Bedeutung mehr haben.

Bereits vor dem Konzil hatten weit vorausblickende Theologen begonnen, an dieser Art von Erneuerung der Kirche zu arbeiten: Sie hatten die scholastische, philosophisch ansetzende Theologie mit einer Theologie verbunden, die sich von der Bibel und von den Schriften der Kirchenväter inspirieren ließ. Überall dort, wo Kirche sich von den Wurzeln des Glaubens her inspirieren ließ und lehramtliche Denksysteme oder auch Handlungsstrukturen auf den Kopf stellte, die man zuvor als Garanten der Wahrheit und der Sicherheit kirchlicher Ordnung verteidigt hatte, wurde kirchliches Leben sehr viel lebendiger.

Viele junge Menschen von heute haben nicht miterlebt, was durch die Arbeit des Konzils an der Kirche Grundsätzliches verändert wurde. Sie wissen nicht, dass man die Lehre des Zweiten Vatikanums vielerorts zunächst mit Begeisterung in die Tat umsetzte, dass und wie dieser anfängliche Schwung jedoch stark abgebremst wurde.

Deswegen möchte ich besonders jungen Menschen zeigen, wie bei der Auslegung der Konzilstexte Weichen gestellt wurden und werden. Über sie wende ich mich an das gesamte Volk Gottes. Diese Blickweise entspricht der Perspektive des Zweiten Vatikanischen Konzils: Vorher spielte die Hierarchie die wichtigste Rolle in der katholischen Kirche. Doch dann räumte das Konzil dem Volk Gottes den Vorrang ein.

Angesichts der heutigen Interpretationen und der herrschenden Konzilshermeneutik habe ich als Teilnehmer des Konzils noch einmal über Ereignisse nachgedacht, an denen ich selbst teilnehmen durfte.

Im Folgenden stelle ich vor allem die vier Konstitutionen vor. Sie enthalten die wichtigsten Äußerungen des Konzils. Ich denke darüber nach, wie man sie aufnehmen kann und verstehen sollte, wie ihre Inhalte neu zu vermitteln sind, damit Menschen ihr Leben nach ihnen ausrichten.

Ich hoffe sehr, dass viele das 50-jährige Jubiläum der Konzilseröffnung zum Anlass nehmen, tiefer über seine Lehre nachzudenken und sich von ihm ganz neu inspirieren zu lassen – damit das Zweite Vatikanische Konzil wirklich auch für unser 21. Jahrhundert ein Pfingstereignis sein kann.

I.
Einleitung

1. Zweckfrage und Sinnsuche

Der schnelle Informationsaustausch ist das Hauptmerkmal unserer Zeit: Telefon, Rundfunk, Fernsehen, Handy, Computer und Internet lassen Menschen heute unmittelbarer und schneller direkt miteinander in Kontakt treten als noch vor einigen Jahren. Medien setzen Ereignisse des Weltgeschehens präsent und geben Nachrichten, politische und kulturelle Ereignisse fast zeitgleich weltweit weiter.

Das Internet eröffnet unzählige neue Möglichkeiten menschlicher Beziehungen. Paradoxerweise können Menschen, die fast ausschließlich über Internet kommunizieren und sich alle nur möglichen Informationen beschaffen, auch vereinsamen. Sie geraten in Gefahr, ihr Gespür für zwischenmenschliche Schwingungen zu verlieren und sich nicht mehr für die realen Menschen ihres Umfeldes verantwortlich zu fühlen. Dies gilt selbstverständlich nicht für die Verantwortlichen von Demonstrationen und demokratischen Widerstandsbewegungen. Sie denken nach und nutzen das Internet, um mehr Freiheit und Demokratie durchzusetzen. Im Alltag liefert das Internet in allen möglichen Fragen (z. B. für die Reiseplanung, das berufliche Fortkommen) nützliche Informationen. Doch kann es den direkten Dialog zwischen Menschen nicht ersetzen.

Wer sich frisch verliebt hat, spürt dies wohl am deutlichsten. In der Liebe erfahren wir unsere eigene Menschlichkeit. Sie ist konstitutiv für das Menschsein. Wir alle sehnen uns nach Liebe, suchen sie an verschiedenen Orten, malen sie in allen Farben, besingen sie. Und doch weiß niemand so genau, was Liebe wirklich ist. Der heilige Augustinus formuliert das so: „Wenn mich niemand danach fragt, dann weiß ich, was es ist; doch wenn mich jemand danach fragt, kann ich nicht antworten."

Wer liebt, fühlt sich oft unmittelbar und sehr intensiv von jemand anderem angezogen, sehnt sich danach, mit dieser Person zusammen zu sein, sie zu berühren, sich mit ihr zu vereinen, ihr zu sagen: „Ich liebe dich". In vielen Beziehungen entwickelt sich zwischen den Liebenden im Laufe der Zeit der Wunsch nach einer umfassenden, stabilen, das gesamte Leben umfassenden Einheit. Paare bekommen Kinder – neues Leben als Verlängerung der eigenen Einheit –, werden zur Familie.

Dieses intuitive Sehnen nach Totalität verleiht der Liebe einen umfassenden Sinn. Es schließt die körperliche, auf Neuschöpfung hin angelegte Vereinigung mit ein. Dabei empfinden die Liebenden natürlicherweise intensive Lustgefühle. Das Streben nach Totalität kann sich gerade deswegen jedoch auch nur auf die körperliche Vereinigung beschränken. In diesem Fall wird die Liebe auf die Befriedigung der Bedürfnisse der Sinne eingeengt. Man kann Liebe also auch als etwas auffassen, das nur einen Teil des Menschen betrifft. Man kann sie aber auch verstehen als Haltung der umfassenden Offenheit für die geliebte Person in ihrer Ganzheit und für die Totalität des Lebens. Die Tatsache, dass es zwei Weisen gibt, die Liebe zu sehen, die als ein Ahnen aufkeimt und sich dann ins konkrete Leben einpflanzt, verweist auf ein Problem, das der Liebe zeitlich vorausgeht. Von Geburt an entwickeln sich im Menschen zwei Handlungsbereiche: Einerseits lernt das Kind, wie es sich verhalten muss, um bestimmte Ziele leicht zu erreichen. Sein Handeln dient einem Zweck. Andererseits fragen Kinder nach dem „Warum" und nach dem Sinn bestimmter Handlungsweisen. Wer weiß, warum er oder sie etwas tut, fühlt sich gut. Doch manchmal finden Erziehende das „Wie" so wichtig, dass Kinder kaum lernen, auch nach dem „Warum" zu fragen.

Die Zweipoligkeit zwischen der Frage nach dem Zweck und der nach dem Sinn ist grundlegend für die menschliche Rationalität: Sie prägt die gesamte Geistesgeschichte und kennzeichnet auch die personale Entwicklung des einzelnen Menschen. Jeder Mensch kann erkennen und arbeiten, will die Welt geistig durchdringen und beherrschen. Zugleich ist er offen für eine Wirklichkeit, die weit über die Sinneserfahrungen hinausgeht. Der Mensch ist in der Lage, fast aus sich selbst herauszutreten und einzutauchen in eine Welt der Werte und Ideale. Nur über die Zusammenschau der beiden Ausrichtungen der Rationalität kann man überblicken, welche Folgen mein persönliches Handeln für mein eigenes Leben und das Leben der anderen hat.

Die Zweckrationalität prägt das naturwissenschaftliche Denken und Handeln. Immer komplexere Technologien erlauben einen schier unermesslichen Zuwachs an neuen naturwissenschaftlichen Erkenntnissen. Der Mensch bemächtigt sich im unendlich Großen wie im kleinsten Raum immer weiterer Gebiete der Welt.

Daneben gibt es die Welt der Werte, der Frage nach der Rolle des Einzelnen, der Beziehung der Menschen zur materiellen Welt und der Beziehung der Menschen untereinander. Diese Dimension des menschlichen Erkenntnisvermögens ist geprägt durch die Offenheit auf die Transzendenz hin. Sie findet sich in jedem Menschen –

auch wenn er sich möglicherweise als Erwachsener dafür entscheidet, alles abzulehnen, was nicht in den Bereich der sinnlichen Erfahrung fällt. Diese Offenheit auf die Transzendenz hin erlaubt es den Einzelnen, sich umfassend zu entwickeln. Ideale, die diese Dimension des Menschseins kennzeichnen, bilden die Grundlage für konstruktive zwischenmenschliche Beziehungen und für ein friedliches und gerechtes Zusammenleben der Menschen in der Gesellschaft.[1]

Sinnebene und Zweckrationalität sind zwar verschieden, dürfen jedoch nicht voneinander getrennt werden. Die Verbindung zwischen dem Raum der Wissenschaft, der Dimension der Zweckrationalität und der Sinnebene, dem Raum der Weisheit, ist der Einzelne. Denn er zieht aus beidem einen Gewinn. Beide Ebenen sind auch deswegen aufeinander verwiesen, weil es ohne Weisheit kei-

---

[1] In der Philosophiegeschichte unterscheidet man zwischen „homo faber" und „homo sapiens". Der „homo faber" analysiert mit naturwissenschaftlichen Methoden die Materie und erkennt so Strukturen im Aufbau der Welt. Das ermöglicht ihm, die Welt zu kultivieren, zu beherrschen und mittels technischer Errungenschaften weiterzuentwickeln. Die hier vorherrschende Sicht auf das „Wie" der Dinge ist nicht alles. Von frühester Kindheit an drängt es den Menschen (als Einzelner wie als Menschheitsgemeinschaft), nach dem Sinn der Dinge und des menschlichen Handelns zu fragen. Schon bald beginnt er zu ahnen, dass es über die unmittelbar erfahrbaren Dinge hinaus eine Sphäre der Schönheit, der Gerechtigkeit, der Güte geben muss. Menschen erkennen, dass sie sich von den Tieren unterscheiden. Sie sind keine komplexe, variantenreiche Gattung, sondern eine ganz besondere Art Lebewesen mit der Fähigkeit, ein eigenes Selbstverständnis zu entwickeln, und offen auf eine spirituelle Wirklichkeit hin. In ihrer Offenheit auf andere Wesen hin können sie einen absoluten Geist als Ursprung und Wurzelgrund der gesamten Wirklichkeit intuitiv erahnen. Sowohl nach dem „Wie" als auch nach dem Sinn und dem „Warum" zu fragen macht das Wesen des „homo sapiens" aus.

ne wahre Wissenschaft gibt (ein Ziel der Medizin als Wissenschaft ist z. B. der Respekt vor dem Menschen). Die Weisheit wiederum erkennt an, dass die Wissenschaft konkreten, geschichtlichen Menschen hilft, eine Vielzahl von Problemen zu lösen.

Auch wenn die Zweckrationalität der Naturwissenschaften bisweilen die Sinnfrage in den Hintergrund drängen mag, kommen Menschen doch nicht um sie herum. In bestimmten Lebenssituationen tauchen grundlegende Fragen auf: Mit der Frage „Wer bin ich?" fragt man nach dem Grund des eigenen Lebens und Daseins in dieser Welt, nach Zukunft und Ziel und nach dem eigenen Verhalten. Die zweite Frage zielt auf die Beziehung zu anderen, darauf, ob „ich der bin, der ich bin", und darauf, warum es „andere gibt" – z. B. die Eltern, die mich gezeugt und geboren haben, die Menschen, die meinen Lebensweg mitgegangen sind, die mich in verschiedenen Gruppen und Kreisen – auch in der Kirche – erzogen und geprägt haben. Manchen Menschen machen diese tiefen Fragen Angst. Sie weichen auf verschiedene Weise aus, sehen das praktische Leben mit seinen unmittelbaren Pflichten als wichtiger an als eine ehrliche Antwort.

Besonders schwierig ist es, dem anderen nicht auszuweichen. Natürlich spüren wir, dass andere unsere Existenz und unser Handeln beeinflussen. Es ist jedoch leichter, uns in einer Verteidigungshaltung einzuschließen und die anderen als einen Angriff auf unsere Identität anzusehen oder als etwas, das uns zwar nützen soll, jedoch persönliche Privilegien dabei nicht gefährden sollte. Das gilt auch für die Religion. Wer nur „die eigene Seele" retten will, schließt in dieser Haltung alle Menschen aus, die nicht zur eigenen Religion gehören, und ordnet alles und alle den eigenen spirituellen Interessen unter. Eine Antwort auf die Sinnfrage lässt sich jedoch nur dort finden, wo Menschen nicht zum Zweck eigener Wünsche werden: in der Offenheit auf das Andere hin.

2. Suche nach Weisheit und Frage nach Gott

Wer um die beiden Pole menschlicher Erkenntnis weiß, gerät über einer intensiven Beschäftigung und Wertschätzung der naturwissenschaftlichen Zweckrationalität nicht in Gefahr, den Wert der Weisheit zu übersehen und die Sinnfrage auszuklammern. Er oder sie merkt, dass die Mannigfaltigkeit rationaler Erkenntnisse allein nicht die Fülle des Menschseins ausmacht. Wir brauchen die Weisheit, um wirklich menschlich leben und umfassend unsere Fähigkeiten entwickeln zu können – und dies umso mehr, je größer der Anteil von zweckrationalem Denken und Handeln an unserem Leben ist. Erst die Offenheit für Weisheit und Werte macht den Menschen menschlich. Sie ist unverzichtbar für ein harmonisches Gesellschaftsleben und eine friedliche Entwicklung der Welt.

Der Sinn des Lebens kann nicht ausschließlich das physische und psychische Wohlbefinden sein. Worin besteht er? Ist er jenseits der Materie und des sinnlich Wahrnehmbaren zu finden, in einer immateriellen Sphäre, im unbegrenzten Bereich des Geistigen, das nicht der Vergänglichkeit unterliegt?

Ich meine, der Sinn des Lebens ist darin spürbar, wie wir anderen Menschen begegnen: Sind andere Menschen für uns nur „Objekte", die wir respektieren müssen, um selbst respektiert zu werden? Kann diese Haltung gesellschaftliche Zusammenhänge erklären und die Grundlage des Gesellschaftslebens sein?[2] Oder erahnen wir in uns selbst et-

---

2 Diese Ansicht vertreten einige Philosophen, darunter der Engländer Thomas Hobbes (1588–1679). Er geht von der Tatsache aus, dass jeder

was Immaterielles, das sich über die Materie hinaus erstreckt und doch zugleich in ihr spürbar ist? Lebt in dieser immateriellen Welt der Geist eines Menschen weiter, auch wenn sein Körper gestorben ist? Gibt es einen absoluten und ewigen Geist als Kulminationspunkt dieser Welt? Gibt es ein schöpferisches Sein, das alle Wesen erschaffen hat?[3]

Sich diese Fragen zu stellen ist ein Hauptmerkmal des Menschen. Wer negative Erfahrungen mit unglaubwürdigen Vertretern von Religionen gemacht hat, fühlt sich von diesen Fragen peinlich berührt und wehrt sie ab. Trotzdem sollten wir mutig und vertrauensvoll nach Gott fragen. Das hilft uns die tiefere Bedeutung unserer Existenz zu erfassen und lässt uns erkennen, dass und warum wir Verantwortung für die Welt übernehmen sollen.

Der Begriff „Philosophie" stammt aus dem Griechischen und bedeutet „Liebe zur Weisheit". Die Philosophen sollten immer aufzeigen, wie die Weisheit den Alltag prägen und zur Lösung von Problemen beitragen kann. Weisheit gibt es nicht nur bei bekannten Philosophen und Philosophinnen. Sie wird nicht nur in den Hörsälen der Universitäten in ihrer Hochform gelehrt, sondern prägt auch ganz einfache, demütige Menschen.

Mensch anderen Menschen feindlich gesinnt ist („homo homini lupus") und sieht den Ursprung der Gesellschaftsordnung in der Notwendigkeit, dass sich die Menschen vor eventuellen Übergriffen stärkerer „Wölfe" verteidigen mussten. Die Menschen haben sich seiner Auffassung nach Gesetze gegeben, um die gegenseitige Sicherheit zu garantieren.

3 Der heilige Paulus sage zu den Athenern: „In ihm leben wir nämlich, bewegen wir uns und sind wir" (Apg 17,28). Dabei zitiert er einen in dieser Stadt bekannten Dichter.

Die Religionen sollten von der Philosophie lernen, was das Leben der Menschen am stärksten prägt, von der Endlichkeit sprechen und aus der Existenz der Dinge Rückschlüsse auf den Schöpfer ziehen. Ich halte Religion für eine höhere Form von Weisheit. Der biblische Spruch „Der Anfang der Weisheit ist die Furcht des Herrn" (Ps 111,10) berührt mich immer wieder neu.

Die Religionen sollen uns offen machen für Gott und für die anderen Menschen. Doch laufen Religionen ständig Gefahr, dass in ihnen Organisationsstrukturen zu Machtstrukturen werden; die Bibel spricht immer wieder von dieser Gefahr.[4] Zugleich erkennt man diese Gefahr und wehrt sie immer wieder neu ab – auch in der christlichen Religion. Es gibt Ereignisse in den Religionen – und in der Kirche –, die diese immer neu offen macht für die anderen Menschen und für Gott. Unter dem wirksamen Beistand des Geistes wurde und wird die Kirche immer wieder offen und bereit, Gott zu bezeugen, der die Liebe

---

4 Ein Beispiel dafür sind die harten Auseinandersetzungen zwischen Jesus und den Führern des Hohen Rates sowie den Pharisäern, die das Gesetz im Dienste der eigenen Machtausübung und der eigenen Interessen instrumentalisierten. Dort, wo das jüdische Gesetz nur als rein äußerlich zu befolgende Norm verstanden wurde, konnten sich hinter einem gesetzestreuen Leben egoistische Motive verbergen. Diesem rein äußerlichen Gesetzesgehorsam stellte der heilige Paulus das Leben nach dem Geist entgegen. Er war selbst Jude, „hatte ... zu Füßen Gamaliels" gesessen und war genau „nach dem Gesetz der Väter ausgebildet" worden (Apg 22,3). „In der Treue zum jüdischen Gesetz ..." hatte er die meisten seiner Altersgenossen in seinem „Volk" übertroffen. Das Leben nach dem Geist steht für den Apostel Paulus im Gegensatz zum Leben gemäß dem Fleische. Er schreibt: „Denn alle, die vom Fleische bestimmt sind, trachten nach dem, was dem Fleisch entspricht" (Röm 8,5).

ist. Er treibt sie an, sich anderen Menschen hinzugeben und diese als Geschwister anzusehen.[5]

Meiner Meinung nach waren die ökumenischen Konzilien Momente der Erneuerung. Sie waren ein Wachrütteln der Kirche aus jener Schläfrigkeit, der jede Art von Institution unweigerlich verfällt. Das gilt besonders für das Zweite Vatikanische Konzil. Papst Johannes XXIII. hat es einberufen, weil er ein „Aggiornamento" der Kirche wollte. Das Konzil sollte die kirchliche Lehre, die seit jeher galt, für den „heutigen Tag aktuell" neu formulieren.

---

[5] Für mich gibt es in der Kirchengeschichte immer wieder Orte, an denen der Heilige Geist gewirkt hat, um die Kirche als Institution dazu zu bewegen, sich nicht in sich selbst zu verschließen, sondern vielmehr sich vom Geist Gottes führen zu lassen und sich zu seinem Wirken zu bekennen: dazu gehören z. B. das Neuentstehen von Orden und Kongregationen, von kirchlichen Bewegungen und apostolischen Initiativen.

3. Ein Konzil für die Menschen von heute

Bei einem „ökumenischen Konzil" versammeln sich alle Bischöfe der Welt. Sie wollen über die Lage der Kirche sprechen und lehramtliche und pastorale Richtlinien ausarbeiten. In der katholischen Kirche gab es bisher 20 ökumenische Konzilien: Das erste fand in Nicea in der Nähe von Konstantinopel statt, das vorletzte war das Erste Vatikanische Konzil von 1869 bis 1870 in Rom. Im Juli 1870 wurde es abgebrochen, weil ein Angriff der piemontesischen Armee auf Rom drohend bevorstand.[6] Auf diesem Konzil war der Primat des Papstes definiert worden. Weil man damals festgelegt hatte, der Papst sei, sobald er „ex cathedra" (das heißt ausdrücklich als Oberhaupt der katholischen Kirche) spreche, unfehlbar, schien nach dem Ersten Vatikanischen Konzil ein weiteres Konzil nicht mehr möglich. Denn neue Beschlüsse würden möglicherweise die Autorität des Papstes in Frage stellen.[7]

Für Papst Johannes XXIII. war ein neues Konzil dringend erforderlich.[8] Natürlich war ihm bewusst, dass er

---

[6] Tatsächlich eroberte am 20. September 1870 die piemontesische Armee die Stadt Rom.

[7] Anscheinend hatte bereits Papst Pius XII. (Papst von 1939 bis 1958) an ein Konzil gedacht, doch rieten ihm seine nächsten Mitarbeiter, kein Konzil einzuberufen.

[8] Bereits als junger Student hatte sich der aus Bergamo stammende Angelo Roncalli für den Modernismus interessiert (für eine theologische Bewegung, die bereits zu Beginn des 20. Jahrhunderts die Lehre und die Pastoral der Kirche erneuern und verjüngen wollte – *die jedoch von der Amtskirche verboten worden war – Anmerkung der Übersetzerin)*. In seiner Heimatdiözese arbeitete Roncalli als Sekretär des sehr fortschrittlichen Bischofs Radini Tedeschi. Danach wurde Angelo

selbst schon sehr alt war.⁹ Trotzdem ordnete er an, dass ein Konzil einberufen werden sollte; nach seiner Wahl zum Papst hatte er zunächst nicht offen über seine Absichten geredet. Denn er wollte nicht, dass man ihm abriet. Doch einige Monate nach seiner Amtsübernahme verkündete er am 25. Januar 1959, dem letzten Tag der Gebetswoche für die Einheit der Christen, den in der Basilika von Sankt Paul vor den Mauern versammelten Kardinälen, er plane drei Dinge: Er werde ein Konzil einberufen, eine Synode in der Diözese Rom (eine Versammlung aller Priester der Diözese, auf der sie diskutieren und Entscheidungen treffen sollten) durchführen und den Codex Iuris Canonici reformieren: Er war wirklich ein Papst ... des Übergangs!

Danach galt es natürlich das Konzil vorzubereiten: Alle Bischöfe der Welt, die katholischen Universitäten und andere kirchliche Organisationen wurden gebeten, Themenvorschläge zu machen. Man verstand das geplante

---

Roncalli Vorsitzender eines Missionswerkes in Rom, anschließend Botschafter des Papstes in Bulgarien. Hier lernte Roncalli die orthodoxe Kirche besser kennen und schätzen. Während des Zweiten Weltkriegs arbeitete Roncalli in Istanbul, wo er in der Zusammenarbeit mit dem türkischen Staat vielen Juden helfen konnte. Die nächste Station war Paris (Frankreich war zwar ein katholisches Land, hatte jedoch eine laizistische Verfassung). Schließlich wurde Angelo Roncalli zum Patriarchen von Venedig ernannt. Dieser Lebensweg ließ ihn erfahren, auf welch unterschiedliche Weise Kirche jeweils vor Ort in der Welt präsent sein kann. Am 28. Oktober 1958 schließlich wurde Angelo Roncalli zum Papst gewählt und nahm den Namen Johannes XXIII. an.

9 Bei den Konzilsvätern galt Papst Johannes XXIII. als „Übergangspapst". Alle hielten Monsignore Giambattista Montini für fähig, das Papstamt auszuüben. Dieser war von Pius XII. als Erzbischof nach Mailand geschickt worden, war aber noch nicht Kardinal; die Ernennung zum Kardinal erfolgte durch den betagten Papst Johannes XXIII. Schließlich wurde Giambattista Montini als Papst Paul VI. der Nachfolger von Johannes XXIII.

Konzil nicht als Abschluss des Ersten Vatikanischen Konzils, sondern als etwas Neues. Deswegen sprach man von einem „Zweiten Vatikanischen Konzil". Verschiedene Kommissionen mit je einem Kurienkardinal als Vorsitzenden wurden eingerichtet. Sie sollten das Diskussionsmaterial vorbereiten. So entstanden ungefähr siebzig Dokumente – mit gerade so vielen Erneuerungsvorschlägen, dass Papst Johannes zufrieden war. Er dachte wahrscheinlich, das neue Konzil werde nur einige Wochen dauern.

Das Zweite Vatikanische Konzil wurde am 11. Oktober 1962 eröffnet. Es war wahrhaft ökumenisch (d. h. weltumfassend): 2500 Bischöfe aus der gesamten Welt hatten sich um einen sehr optimistischen Papst versammelt. Von dessen Hoffnung zeugt der Beginn der Eröffnungsansprache („Gaudet mater ecclesia" – *es freut sich die Mutter Kirche – Anm. der Übersetzerin)*. Es herrschte jedoch aufgrund der Missstände in der Welt und innerkirchlicher Spannungen überwiegend eine sehr gedrückte Stimmung. Das in der Eröffnungsansprache spürbare große Vertrauen stellte ein Gegengewicht dazu dar.

Die versammelten Bischöfe empfanden die vorbereiteten Dokumente als wenig hilfreich. Sie kritisierten, der Grundtenor der Dokumente sei zu stark auf die Vergangenheit bezogen. Man solle lieber vertrauensvoll und mutig in die Zukunft blicken. Mit einigen praktischen Entscheidungen zeigte Papst Johannes XXIII., dass er den Bischöfen vertraute und dass das Konzil in ihren Händen lag. Auf diese Weise schuf er Strukturen, die offenere Diskussionen und kritischere Eingaben möglich machten.[10]

---

10 Die große Themenbandbreite der offen geführten Diskussionen führte dazu, dass am 8. Dezember 1962 die erste Sitzungsperiode zu

Das Konzil endete nach der Verabschiedung von 16 Dokumenten am 8. Dezember 1965. Wie bei allen bisherigen Konzilien auch sind die wichtigsten davon die Konstitutionen. Sie sind jeweils nach den ersten Worten des lateinischen Textes benannt: *Sacrosanctum Concilium* über die Liturgie, *Dei verbum* über das Wort Gottes, *Lumen Gentium* über die Kirche, *Gaudium et spes* über die Kirche in der Welt von heute.

Das Zweite Vatikanische Konzil war in zweierlei Hinsicht ein Konzil für die Menschen von heute: Die wichtigste Aufgabe des Konzils ist es, Menschen zu helfen, den Sinn ihres Lebens zu erkennen. Es zeigt, wie man umfassend – gegen alle möglichen inneren und äußeren Hindernisse und Widerstände – menschlich leben kann und soll. Darüber hinaus kann das Konzil allen Menschen bewusst machen, dass sie eine Berufung haben. Alle (das Volk Gottes, wie noch genauer auszuführen sein wird) sollen die große Bedeutung der Botschaften des Konzils erkennen – sie selbst verwirklichen und dafür sorgen, dass auch andere sich an diesen Inhalten orientieren. So sollen alle Missverständnisse und Widerstände überwunden werden, die auch im Inneren der Kirche selbst häufig vorgebracht wer-

---

Ende ging, ohne dass ein Dokument verabschiedet worden war. Am 3. Juni 1963 starb Papst Johannes XXIII. Über seinen Tod trauerte die ganze Welt (man sagte damals, das erste für eine Seligsprechung notwendige Wunder sei bereits geschehen: Zum ersten Mal in der Geschichte der Menschheit habe sich die gesamte Menschheit um das Sterbebett dieses Papstes geschwisterlich vereint gefühlt). Sein Nachfolger wurde Papst Paul VI. Der neue Papst bekräftigte das Vertrauen, das Johannes XXIII. den Konzilsvätern entgegengebracht hatte, indem er vier Konzilsväter (den armenischen Kardinal Agagianian, ein Mitglied der Kurie, den belgischen Kardinal Suenens, den deutschen Kardinal Döpfner und den italienischen Kardinal Lercaro) zu Moderatoren der Konzilsversammlungen ernannte.

den, um die Verkündigung und die Anregungen des Konzils kleinzureden und auszubremsen.

Das Konzil sagte klar und deutlich, worin ein umfassend humanes Leben besteht, und zeigte Risiken auf, die heute die Menschlichkeit der Menschen bedrohen: Wir sehen uns einer Fülle von Nachrichten und Informationen ausgesetzt, die zunächst alles als gleichwertig erscheinen lässt und in der uns vieles sogar leichtfertig nicht gemäß der jeweiligen Bedeutung, sondern gemäß den Interessen der Mitteilenden (Experten in der Kunst der Manipulation) angeboten wird. Menschen von heute fällt es vor diesem Hintergrund schwer, eine eigene Identität zu entwickeln. Die Erfahrung, in eine verwirrend große Welt hineingeworfen zu sein (oder sich in ihr zu verlieren), veranlasst Menschen weltweit, sich in einer je spezifischen Eigen- oder Gruppenwelt einzuschließen und andere Personen, die sich durch Rasse, Kultur, Religion von einem selbst unterscheiden, als gefährliche Feinde anzusehen – oder zumindest als Nutznießer, zu denen man Distanz hält oder gegenüber denen man eigene Privilegien verteidigt.

In den Konstitutionen zeigt dass Zweite Vatikanische Konzil auf einzigartige Weise Auswege aus den genannten Risiken auf. Mit diesem Buch möchte ich darstellen, wie das Konzil helfen kann, die eigene Persönlichkeit ganzheitlich zu entwickeln, ein Bewusstsein von der Würde des Menschen zu bekommen und zu erkennen, wie wertvoll eine Offenheit für die „anderen" und die Integration der Verschiedenen in eine plurale Gesellschaft sind. Aufzeigen möchte ich auch, dass das Konzil dem Volk Gottes als Aufgabe anvertraut wurde. Ich wünsche mir, dass sich dieses spontan für den Wert des Konzils begeistert. Denn das Konzil hat die Kirche auf die gesamte Menschheit und auch auf die Zukunft hin geöffnet.

Leider ist die Mehrzahl der Katholiken in einer Kirche groß geworden, die sich oft um der ihr anvertrauten Wahrheiten willen, aus Angst vor Irrtum und Sünde oder im Stolz auf das Privileg eines Gefühls der Sicherheit hinter der Hierarchie verbarrikadiert hatte, die als Garantie für diese Sicherheit galt. Es war nach Auffassung dieser Katholiken von Gott so gewollt, dass das Erste Vatikanische Konzil die Unfehlbarkeit des Papstes definiert hatte. Bis heute setzen deswegen zahlreiche Mitglieder der katholischen Kirche, darunter auch Kleriker, fortwährend die Bedeutung des Zweiten Vatikanischen Konzils herab. Einflussreiche Mitglieder der Hierarchie sahen bereits während der Sitzungsperioden des Zweiten Vatikanischen Konzils das Konzil mit großem Misstrauen. Sie schlossen sich sogar in einer Gruppe zusammen (der prominenteste Vertreter des „Coetus internationalis" ist der französische Erzbischof Monsignore Lefebvre) und versuchten Erneuerungsimpulse der Mehrheit auszubremsen. Einige erklärten, man würde 50 Jahre brauchen, um die Irrtümer von Papst Johannes und dem Konzil wieder in Ordnung zu bringen. Andere kritisierten die Beschlüsse des Konzils auf der Basis einer antiquierten Theologie oder analysierten die Konzilstexte so, als seien es Gesetzestexte, die von Natur aus zu einer minimalistischen Auslegung verpflichten.

Die Konzilsbischöfe vertraten zwei gegensätzliche Haltungen: Eine große Mehrheit von Bischöfen aus allen Erdteilen (vor allem solchen, in denen das Christentum jung ist[11]) stand der Zukunft offen gegenüber. Diese Bischöfe

---

11 Man hatte sich vor allem in Südamerika erst kurz vor dem Zweiten Vatikanischen Konzil vom alten Europa abgenabelt.

nahmen sehr aufmerksam die Sorgen und Nöte der Menschen wahr und erkannten klar deren Sehnsucht nach Freiheit.[12]

Eine kämpferische Minderheit vertrat genau die Gegenposition. Sie berief sich auf die Vergangenheit, auf die Tradition und folglich auf alles, was man in der Kirche in der Vergangenheit als Garantie des Glaubens angesehen und überliefert hatte.

Angehörige dieser Minderheit verstanden die Tradition[13] als unveränderlichen Block, auf den wie in einen Stein die Grundlagen der eigenen Handlung formelhaft eingemeißelt waren. Doch muss sich der Glaube in seiner Identität mit der Vielfalt und den unterschiedlichen kulturellen und geschichtlichen Entwicklungen auseinandersetzen – so wie ein lebendiger Mensch seine persönliche Identität dadurch gewinnt und beibehält, dass

---

12 Inspiriert durch eine größere Vertrautheit mit der Bibel und durch offenere theologische Ansätze, prägten Bischöfe aus Mitteleuropa (Frankreich, Deutschland, Belgien und Holland) die Diskussionen und gaben bei der Entstehung der Konzilsdokumente deren Ausrichtung vor.

13 Die Tradition bildet die Grundlage des Glaubens der Christen. Die Tradition (d. h. die durch die Hierarchie ausgelegten und verbindlich in Worte gefassten Grundüberzeugungen der Kirche) legte fest, welche Schriften zum Kanon der Bibel gehören und welche nicht (d. h., welche als inspiriert zu gelten haben und welche nicht). Ein Bestandteil der Tradition sind desgleichen die Definitionen der ökumenischen Konzilien, die Inhalte von Dogmen. So wurde festgelegt, welche Wahrheiten Christen zu glauben verpflichtet sind. In Erklärungen der Hierarchie wurde auch bestimmt, wie sich Christen zu verhalten haben. Eine erste Krise musste das Zweite Vaticanum bewältigen, als im ersten Entwurf des Dokumentes über die „Quellen der Offenbarung" der Eindruck entstand, als gebe man der Tradition mehr Gewicht als der Schrift. Wir werden noch sehen, wie Papst Johannes durch seine päpstliche Autorität das hier aufgetauchte kirchenrechtliche Problem löste.

er sich entwickelt und sich an geschichtliche Entwicklungen und zufällige Ereignisse anpasst.

Die Kirchengeschichte selbst zeigt, dass dies ein unausweichliches Problem ist. Denn die Kirche entstand im Judentum. Führende Mitglieder der Urkirche waren zunächst davon überzeugt, innerhalb von dessen Grenzen bleiben zu müssen. Deswegen forderten sie, dass sich alle, die sich ihr anschließen wollten, den Regeln und Normen der jüdischen Gesellschaft unterwerfen sollten. Der Erste dieser „Traditionalisten" war ausgerechnet der Apostel Petrus, der erste Papst. Eine ganz andere Überzeugung vertrat der heilige Paulus. Er war im tiefsten Herzen vom Judentum geprägt, zugleich Missionar bei den Nicht-Juden und setzte sich entschlossen gegen die Haltung des heiligen Petrus ein. Sein entschlossenes Auftreten und seine Argumentation hatten zur Folge, dass die Kirche Heiden als den Juden gleichwertige Mitglieder aufnahm. Bei ihrer Konversion zum Christentum mussten die Heiden nur eine einzige Bedingung erfüllen: an die Göttlichkeit Jesu Christi glauben, der gestorben und von den Toten auferstanden ist. Die kirchliche Tradition begann also gerade mit einer radikalen Neuheit!

Einfachen Christen und Christinnen und vielleicht noch mehr studierten Theologen, die aufgrund einer bestimmten Prägung durch dogmatische und moraltheologische Denkfiguren eine bestimmte Einstellung haben, fällt es offensichtlich sehr schwer, das eigene Werteschema und Lebenskonzept zu ändern.[14] Ich

---

14 Die Traditionalisten berufen sich diesbezüglich auf Papst Benedikt XVI. Dieser hatte einige Monate nach seiner Wahl zum Papst vor der römischen Kurie in der Ansprache vom 5.12.2005 über die „Hermeneutik" des Konzils, das heißt über die Weisen, wie es in-

selbst habe das auch in meinem eigenen Leben gemerkt.¹⁵

Wissenschaftler und Wissenschaftlerinnen, die sich vertieft mit Theologie und Kirchengeschichte beschäftigen, geraten leicht in die Gefahr, an einem Punkt der Kirchen-

---

terpretiert werden kann, gesprochen. Darin hatte er klar festgestellt, es könne in der Kirche keine Diskontinuität, keinen Wandel geben, es sei denn, dieser trete nicht in Erscheinung und sei nur kurz. Da die Kirche von Jesus Christus abstamme und sich auf die Offenbarung gründe, würde ihr Fortbestehen notwendigerweise Kontinuität implizieren. Natürlich ist die Feststellung des Papstes berechtigt. Das erkenne ich an, möchte jedoch daran erinnern, dass Johannes XXIII. ein Konzil, das „nicht dogmatisch" sein sollte, einberufen hat, ein Konzil, das keine Dogmen definiert und zugleich Anathemata ausspricht, d. h. all jene Menschen exkommuniziert, die die Wahrheit dieser Dogmen bestreiten. Papst Johannes XXIII. wollte vielmehr ein „pastorales" Konzil, das von den Menschen so, wie sie sind, ausgeht und diesen hilft, nach und nach die Dogmen zu akzeptieren. Meiner Meinung nach wahrt das Zweite Vatikanische Konzil auf der dogmatischen Ebene die Kontinuität. Schließlich hat es keine neuen Dogmen definiert. Doch gibt es auf der pastoralen Ebene zweifellos eine Diskontinuität, einen Wandel. Bei der Behandlung der vier Konstitutionen werde ich darauf noch genauer eingehen und jeweils konkret aufzeigen, inwiefern das Konzil keine neuen Wahrheiten definierte, sondern alte, fast ein wenig vergessene Wahrheiten wieder neu aufgewertet hat. Diese alten, jedoch grundlegenden Wahrheiten waren in früheren Zeiten aus verschiedenen Gründen (z. B. aufgrund von Lebensumständen oder auch Einstellungen) verdrängt worden. Diese Gründe hatten früher ihre Berechtigung und ihre Wirksamkeit, entsprechen heute jedoch kaum noch dem Lebensgefühl unserer Zeit.

15 Vor Beginn des Konzils hatte ich zehn Jahre lang vergeblich gehofft, ich könne einmal am päpstlichen Priesterseminar der Diözese Bologna Theologie lehren; der Regens sagte mir damals: „Professor, es ist einfacher, einen Lehrer der Theologie als einen für Philosophie zu finden – also machen Sie mit Philosophie weiter." Doch dann merkte ich, wie schwer es mir fiel, nach zehn Jahren Lehrtätigkeit, in denen ich die Inhalte von Handbüchern hartnäckig wiederholt hatte, die vom Zweiten Vatikanischen Konzil vorgeschlagenen neuen Inhalte auch wirklich aufzunehmen.

geschichte und bei Formulierungen einer der Theologien einer bestimmten Zeit stehen zu bleiben, sich nicht weiterzuentwickeln und jedes weitere Nachdenken abzulehnen. Es bleibt aber jedes lebendige Wesen nur in dem Maße es selbst, in dem es sich fortentwickelt![16]

An überholten Positionen sollte man nicht festhalten, auch wenn man diese lieb gewonnen hat. Besser ist es, offen zu sein für die Situationen, auf die das Konzil eingehen wollte. Es gilt folglich, den Glauben im Lichte des Konzils zu vertiefen. Denn man kann sicher sein, dass das Konzil selbst die Offenheit für einen starken und frohen Glauben lehrt und Gründe aufzeigt für eine große Hoffnung. Zugleich ist eine Auseinandersetzung mit denjenigen nötig, die das Zweite Vatikanische Konzil bisher nicht vollständig akzeptiert haben. Seine Botschaft sollte geduldig und doch mutig zugleich gelebt werden. Das hilft, die hartnäckigsten Widersacher des Konzils davon zu überzeugen, dass das mancherorts beobachtete Abnehmen kirchlichen Lebens nicht dem Konzil als Schuld angelastet werden darf, sondern auf die „Zeichen der Zeit" zurückgeht. Angesichts der Globalisierung der Wirtschaft, der Börsen, der militärischen Machthaber, der Computernetzwerke, die in Windeseile die letzten Neuigkeiten verbreiten und neue

---

16 Dabei denke ich an die spezielle Haltung derjenigen, die das Konzil im Namen der Tradition angreifen, ohne zu bemerken, dass sie sich selbst mit einer bestimmten Art von Tradition identifizieren. Damit stellen sie sich selbst sowohl über den Papst als auch über das gesamte Episkopat. Sie werten Papst und Bischöfe ab, die alle über die Texte des Konzils abgestimmt und diese unterschrieben haben. Wie auch immer der Weg ausgesehen haben mag, auf dem die Konzilstexte ausgearbeitet wurden, wer auch immer auf sie Einfluss genommen haben mag, die endgültigen Texte wurden vom Papst und von mehr als 2000 Bischöfen angenommen: und die sind die Kirche!

Möglichkeiten auftun, Profit zu machen, verliert die Kirche an Bedeutung. Diese Zeichen der Zeit machen es dem Einzelnen nicht leicht, tiefer über das Leben nachzudenken und sich verantwortlich für das moralisch Gute zu entscheiden. Das Konzil hat verhindert, dass sich die Kirche um einer kleinen Elite von sich privilegiert fühlenden Menschen willen, die alle anderen verachtet, gegenüber der Welt und der Geschichte verschließt. Es hat verhindert, dass Christen so handeln wie der Pharisäer im Gleichnis vom Pharisäer und Zöllner (Lk 18,9–14). Jetzt, da die Türe in Richtung Verständnis und Dialog mit der Welt offen steht, geht es darum, nicht stehen zu bleiben, sondern vertrauensvoll den eingeschlagenen Weg weiterzugehen.

II.
Das Konzil für das Volk Gottes

1. Die großen Fragen der Menschheit

„Wer bin ich?" und: „Was sind die anderen?" – Dass wir so fragen können, zeigt, dass wir unseren Geist auf zwei verschiedene Weisen gebrauchen können: Wir sind in der Lage, die innersten Strukturen der Realität zu erfassen, um sie neu zu ordnen und sie zum Vorteil der Menschheit zu gebrauchen, und wir blicken auf eine Wirklichkeit, die uns unendlich übersteigt. Unser Verstand macht offen für eine Realität, in der unzählige andere Menschen existieren und leben, die gebaut sind wie wir und dieselbe Würde haben.

Es ist eine ernsthafte Versuchung, sich auf ein reines Zweckdenken, also auf die erste Dimension unseres Erkenntnisvermögens, zu versteifen und die gesamte Wirklichkeit unserer Person unseren eigenen Interessen und unserer Herrschaft unterzuordnen. Natürlich sollten wir ein Bewusstsein von uns selbst entwickeln, um Möglichkeiten und Fähigkeiten, die wir besitzen, wissen, damit wir für die Zukunft planen können.[17]

Wer jedoch alles Einzel- oder Gruppeninteressen unterordnet, wer nur nach materiellem und spirituellem Wohlbefinden strebt und dabei den Rest der Welt außer Acht lässt, vergeht sich gegen die Natur des Menschen selbst. Wir Menschen werden ja in eine Gemeinschaft hineingeboren, die aus vielen anderen Personen besteht, und wachsen in ihr auf. Mit ihnen sollen wir uns auseinandersetzen,

---

17 Ein altes Sprichwort sagt: „Jeder ist seines Glückes Schmied" – „Quisquis est faber fortunae suae".

mit ihnen zusammenarbeiten. Der Mensch ist von Grund auf ein soziales Wesen – ein „zoon politikon", wie der Philosoph Aristoteles sagt.[18]

Wer sich nun in einem Individualismus einigelt, löst dadurch nicht nur sich selbst, sondern letztendlich auch alle Menschen der eigenen Umgebung aus der Gemeinschaft der anderen heraus. Er oder sie bezieht sich auf diese Gemeinschaft nicht mehr in der Besonnenheit der Vernunft, handelt nicht mehr vernünftig, bedenkt nicht die Konsequenzen, die diese Haltung für die eigene persönliche Entwicklung und für das Umfeld mit sich bringt. Unfähig zum Dialog, üben solche Menschen Gewalt aus, drängen sich anderen auf, beherrschen diese. Gewaltanwendung ist ein Merkmal des einseitigen Gebrauchs eines in sich selbst verschlossenen Verstandes. Wer rein auf das unmittelbare Erleben aus ist, flüchtet bisweilen sogar in Rauschzustände. Durch so ein Verhalten tun sich manche Menschen, ohne sich dessen bewusst zu sein, selbst Gewalt an.

Die Beziehung zwischen Mann und Frau bestimmt auch die Beziehung zwischen dem Einzelnen und der übrigen Welt. Sie ist in die Natur des Menschen eingezeichnet und wesentlich für den Fortbestand der menschlichen Art. Es gibt das Interesse aneinander, verschiedene Arten der Intensität von Beziehungen bis hin zu dauerhaften und exklusiven Bindungen, zu einer definitiven und totalen Bindung aneinander, zur Verantwortung für die Zukunft des Gegenübers.

Die Anziehungskraft, die die ganze Person ergreift, kann jedoch auch nur partiell gelebt werden, z. B. dort, wo einer oder eine in der Beziehung ausschließlich die Befrie-

---

18 Er bezog sich dabei auf das griechische Wort „polis" – Stadt.

digung der eigenen körperlichen oder seelischen Bedürfnisse sucht. Auch das kann eine Art von körperlicher oder psychischer Gewalt sein, die sich bis in das Familienleben hinein auswirkt und Dialog und Zusammenarbeit erschwert.

Auch die Gesellschaft wird punktuell von Gewalt geprägt. Kulturelle und wirtschaftliche Unterschiede sowie Unterschiede bezüglich Macht und Einfluss sind ein Merkmal von Gesellschaften. Sie können deren Reichtum ausmachen, können aber auch Auseinandersetzungen und Kämpfe hervorrufen: Menschen, die sich in einer Position befinden, die ihnen Vorteile einbringen, benutzen diese, um die eigenen Privilegien zu verteidigen oder sogar zu vermehren – natürlich zu Lasten von Benachteiligten, deren Armut wächst. Diktaturen oder Verbrecherbanden üben offen Gewalt aus. Sie gefährden Leben und Gesundheit von Menschen. In der Wirtschaft und im Bankwesen verschaffen sich immer wieder Personen oder Gruppen durch Gewaltanwendung direkte Vorteile. Das geht zu Lasten von den Menschen, die diesen Oberen auf irgendeine Weise untergeordnet sind. Gewaltstrukturen gibt es dort, wo Massen von Menschen, bisweilen sogar ganze Völker, verarmen und in den Ruin getrieben werden.

Gewalt mündet manchmal in einen Krieg. Fast immer sind wirtschaftliche Motive Ursache von Kriegen, z. B. das Streben nach dem Besitz oder Gebrauch von Rohstoffen (vom Erdöl im Irak bis hin zum Coltan im Kongo). Die Waffenindustrie braucht Kriege, damit sich die Waffenlager leeren und neue Waffen ausprobiert werden können. Früher galten Kriege als großartige Gelegenheit für die Kämpfenden, ihre Vaterlandsliebe zu beweisen. Heute werden bei Kriegen oft Freiwilligenarmeen eingesetzt.[19] Beeinflusst wird die öffentliche Meinung heute durch Medien, die in der Lage sind, tatsächliche Situationen bildlich darzustellen und dabei zugleich – wenn auch aus der Entfernung – Tatsachen vorzutäuschen. Das geschah z. B. vor dem militärischen Eingriff im Irak. So schufen Medienvertreter Lügen, mit denen die Politiker dann ihr Vorgehen rechtfertigten.

Die fast weltweit zugänglichen Informationsmittel lassen Täuschungen und Gewaltanwendung deutlich erkennen, die überall bei Führenden unserer Gesellschaft anzutreffen sind und unsere Geschichte durchdringen. Sie können uns helfen, Gewaltstrukturen sehr aufmerksam zu beobachten. Denn Gewalt vergiftet unaufhörlich unseren Lebensraum und macht unser Leben langsam, aber sicher Stück für Stück unmenschlicher. Wird jedoch das Leben von der Liebe geprägt, das heißt von einem Gut, dem wir freiwillig folgen, dann wird die Gewalt zu deren schlimmstem Feind. Denn das beste Gegenmittel gegen die Gewalt ist die Liebe.

---

19 Ich möchte diese Soldaten nicht Söldner nennen, auch wenn sie angeben, diese Arbeit zu tun, weil sie gut bezahlt wird, und auch wenn man die Kriegszüge durch das Etikett „Friedensmissionen" zu adeln versucht.

2. Werte – die Antworten des Konzils

2.1. Offenheit für die gesamte Menschheit weltweit

Das Zweite Vatikanische Konzil hat sich mit diesen Problemen beschäftigt. Implizit und doch umfassend hat es vor allem in der Pastoralkonstitution über „Die Kirche in der Welt von heute" Auswege aus diesen Problemen aufgezeigt. Doch auch in die drei anderen Konstitutionen hat das Konzil seine Antworten auf die Fragen der Welt von heute eingefügt, um zu zeigen, wie christliches Sein und Leben umfassend verwirklicht werden kann.

Die pastorale Konstitution über die Kirche in der Welt von heute ist überschrieben mit „Gaudium et spes" – „Freude und Hoffnung", also den Anfangsworten des lateinischen Textes.

Diese Konstitution war auf dem Konzil eine völlig unerwartete Überraschung. Der Titel selbst sowie der Einleitungssatz bezeugen dies: „Freude und Hoffnung, Trauer und Angst des Menschen von heute, besonders der Armen und Bedrängten aller Art, sind auch Freude und Hoffnung, Trauer und Angst der Jünger Christi. Und es gibt nichts wahrhaft Menschliches, das nicht in ihren Herzen einen Widerhall fände. Ist doch ihre eigene Gemeinschaft aus Menschen gebildet, die, in Christus geeint, vom Heiligen Geist auf ihrer Pilgerschaft zum Reich des Vaters geleitet werden und eine Heilsbotschaft empfangen haben, die allen auszurichten ist. Darum erfährt diese Gemeinschaft sich mit der Menschheit und ihrer Geschichte wirklich engstens verbunden … Es geht um die Rettung der menschlichen Person, es geht um den rechten Aufbau der menschlichen Gesellschaft. Der Mensch also, der eine und ganze Mensch, mit Leib und Seele, Herz und Gewissen, Vernunft und Willen steht im Mittelpunkt unserer Ausführungen" (GS 3).

Dieses Dokument war in der Vorbereitungsphase des Konzils nicht vorgesehen. Als ich bei der Eröffnung der Zweiten Sitzungsperiode im Herbst 1963 zur Konzilsversammlung dazukam, merkte ich, wie überrascht die Bischöfe darüber waren, dass Papst Johannes ohne das Wissen des bereits eröffneten Konzils im April desselben Jahres die Enzyklika „Pacem in terris" veröffentlicht hatte. Sie rief weltweit ein enormes Echo hervor und weckte große Hoffnungen. Neu an dieser Enzyklika[20] ist, dass ein Papst zum ersten Mal in der Geschichte nicht mehr über ein rein religiöses Thema schrieb und sich dabei nur an die Gläubigen, die Katholiken, richtete, sondern über einen wichtigen menschlichen Wert, den Frieden, und sich dabei an „alle Menschen guten Willens" wandte. Das zeigte deutlich, dass die Kirche sich bewusst wurde, durch die Verkündigung des eigenen Glaubens jedem Menschen dabei helfen zu können, sich an der Fülle des eigenen Menschseins und folglich am Plan Gottes zu orientieren, um so das „Reich Gottes" zu verwirklichen. Dies veranlasste die auf dem Konzil versammelten Bischöfe (die „Konzilsväter"), einige bereits behandelte Texte und Themen in einem einzigen Dokument zusammenzufassen. Weil dies so un-

---

20 Die Idee für diese Enzyklika kam dem Papst, nachdem er angesichts eines drohenden Krieges zwischen den USA und der UdSSR in Folge der so genannten „Kuba-Krise" als Vermittler und Friedensstifter gewirkt hatte.

erwartet war, wusste man zunächst nicht einmal, wie man dieses Dokument nennen sollte.[21]

Es galt offiziell als „Pastoralkonstitution" und nimmt den Neuansatz der Enzyklika von Papst Johannes über den Frieden wieder auf: So wie sich in „Pacem in terris" erstmals ein Papst an „alle Menschen guten Willens" richtet, so lesen wir in der dogmatischen Konstitution „Gaudium et spes": „Daher wendet sich das Zweite Vatikanische Konzil ... ohne Zaudern nicht mehr bloß an die Kinder der Kirche und an alle, die Christi Namen anrufen, sondern an alle Menschen schlechthin" (GS 2). Genauer heißt es dann weiter unten im Text, man spreche zur Welt von heute und wende sich an „die ganze Menschheitsfamilie mit der Gesamtheit der Wirklichkeit, in denen sie lebt; die Welt, der Schauplatz der Geschichte der Menschheit, von ihren Unternehmungen, Niederlagen und Siegen geprägt" (GS 2).[22]

---

[21] Da 16 Dokumente diskutiert wurden, nannte man es anfänglich „Schema 17"; als die Zahl der diskutierten Dokumente auf 12 abnahm, blieb es bis zum Ende des Konzils das „Schema 13"!

[22] Deswegen kann man diese Konstitution auch als ein „weltliches" Dokument ansehen. Unter „weltlich" verstehe ich nicht „antireligiös", sondern „menschlich, autonom, von übernatürlichen Offenbarungen absehend". Einige Konzilsbischöfe bemerkten sofort diesen Aspekt des Textes. Sie kritisierten in der Diskussion, der erste Entwurf sei zu naturalistisch, optimistisch, ja er übergehe fast die übernatürliche Offenbarung, lasse die Sünde und die durch Jesus Christus bewirkte Erlösung beiseite. Bei der Überarbeitung des Dokuments trug man diesen Einwänden Rechnung, änderte jedoch nicht den Grundansatz, sondern ergänzte jedes Kapitel durch einen Abschnitt, der aufzeigt, dass der christliche Glaube den Ansatz einer Wertschätzung der menschlichen und geschichtlichen Wirklichkeit nicht verändert und schon gar nicht umkehrt, sondern Welt und Geschichte in einem neuen Licht erscheinen lässt. Dieses Licht führt dazu, dass man die Realität anders versteht und neue Kraft für ein noch großzügigeres Engagement gewinnt.

Die pastorale Konstitution über die Kirche in der Welt von heute hat eine kurze Einleitung über „die Situation des Menschen in der heutigen Welt". Darauf folgen zwei Hauptteile. Der erste behandelt „Die Kirche und die Berufung des Menschen". Er hat vier Kapitel: „Die Würde der menschlichen Person", „Die menschliche Gemeinschaft", „Das menschliche Schaffen in der Welt" und „Die Aufgabe der Kirche in der Welt von heute". Der zweite Hauptteil behandelt unter dem Titel „Wichtige Einzelfragen" einige dringlichere Probleme. Es sind dies die „Förderung der Würde der Ehe und der Familie", „Die richtige Förderung des kulturellen Fortschritts", „Das Wirtschaftsleben", „Das Leben der politischen Gemeinschaft" und „Die Förderung des Friedens und der Aufbau der Völkergemeinschaft".

Ich kann hier nicht im Detail die einzelnen Themen behandeln. Wichtig ist mir jedoch, dass der Gesamtinhalt dieses Dokuments ständig auf die „Weisheit" verweist, das heißt darauf, dass man nicht bei der Frage stehen bleiben soll, wie einzelne Wissensgebiete, die es ermöglichen, die zahlreichen Aspekte der Wirklichkeit zu erforschen, miteinander zusammenhängen, um sie dann zu einer Gesamtheit zusammenzufügen, derer man sich bedienen kann. Vielmehr geht es darum, die tiefsten Momente der Wirklichkeit zu erfassen, die uns helfen, uns in Freiheit für Einstellungen und Handlungsweisen zu entscheiden, durch die wir die Fülle unseres Menschseins verwirklichen können.

So kann man unter Kultur z. B. die Summe von Einzelkenntnissen verstehen, die unsere Bildung bereichern. Dann wären wir so etwas wie wandelnde Lexika. Mit Bildung kann man aber auch die Fähigkeit meinen, zu voll entwickelten Menschen heranzureifen, die fähig sind, das zu wählen, was den Menschen besser macht und mit anderen Menschen verbindet. Als solche Menschen können wir zu einem Gemeinschaftsleben beitragen, in dem es nicht bloß um die Vorherrschaft von Stärkeren geht, die andere ausnützen und an den Rand drängen, sondern zu einem Gesellschaftsleben, das uns unsere eigenen Ansprüche zugunsten der gesamten Gemeinschaft zurückschrauben lässt, damit alle gemeinsam würdig leben können und jeder die Möglichkeit hat, sich gemäß seinen eigenen Möglichkeiten zu entfalten.

Im ersten Teil der Konstitution zeigt sich diese Auffassung von Kultur; der Mensch wird hier nicht gezeigt als Feind, dem man sich widersetzt, oder als Objekt, das man ausnutzen kann, sondern als mit Verstand und Willen, mit einem Gewissen und mit Freiheit begabtes Geschöpf – dazu berufen, in der Gesellschaft zu leben und gemäß der eigenen Stellung und den eigenen Möglichkeiten zu deren Weiterentwicklung beizutragen. In einer Zeit, in der die Entgrenzung der Wissensmöglichkeiten dazu führt, dass man andere rein unter dem Kosten-Nutzen-Prinzip sieht, in der Arme stören und Einwanderern vorgeworfen wird, sie nähmen Einheimischen die Arbeitsplätze weg (auch wenn sie nur die Arbeiten ausführen, die Einheimische nicht tun wollen), in der man Feinde (und deren Freunde) lächerlich machen darf oder sogar foltern, um ihnen ihre Geheimnisse zu entlocken oder auch nur um sie zu lehren, dass sie Verlierer sind – in einer solchen Zeit stellt das Konzil grundlegende Forderungen an das persönliche und gesellschaftliche Leben. Leider gibt es „christliche" Berufe und auch „christliche" Demokratien, die aufgrund ihrer Verhaltensweise und der Art, wie sie bestimmte Haltungen bewerten, bezüglich der Forderungen des Konzils als ambivalent erscheinen.[23]

Durch ihre Teilnahme an Auslandsreisen, Schüleraustauschprogrammen und Freiwilligendiensten sind heutige Jugendliche den Umgang mit „anderen" gewohnt. Deswegen können Jugendliche am besten anderen auf gleicher Augenhöhe als Brüder und Schwestern offen begegnen und gerade diese Offenheit als Aufforderung zu mehr Menschlichkeit und Solidarität verstehen.

Diese Aufmerksamkeit und dieser Respekt gegenüber jeder menschlichen Person sind für mich die Grundlage der Solidarität und das Fundament einer wahrhaft konstruktiven Globalisierung auf allen Ebenen. Auf diese positive weltweite Solidarität kann sich jede Kultur und jede Religion beziehen und ausgehend von hier weiter arbeiten. Nicht zufällig geht die Charta der Menschenrechte (San Francisco, 10. Dezember 1948) von der Anerkennung und vom Schutz der Menschenrechte jeder einzelnen Person aus, vom Recht auf Leben bis hin zum Recht auf Gesundheit, von der Kultur bis hin zur Familie, von der Teilhabe am politischen Leben bis hin zur Einwanderung.[24]

---

23 Ich denke hier z. B. an die Art, wie die „christlichen" Vereinigten Staaten von Amerika muslimische Gefangene in den Militärgefängnissen des Irak behandelt haben, daran, dass die „demokratischen" USA Gefängnisse auf Guantanamo haben; und an die von Mafia und Camorra ausgeführten Morde im „katholischen" Italien oder daran, wie schlecht hier Einwanderer behandelt werden.

24 Diese Rechte sind vom Evangelium inspiriert. Deswegen wurde diese Charta auch „Evangelium nach der UNO" genannt. Die Christen, die an der Charta der Vereinten Nationen mitgearbeitet haben, wollten sich nicht von Menschen trennen, die nicht dem Evangelium folgen. So haben sie die Botschaft des Evangeliums in menschliche und weltliche Begriffe übersetzt. Nun konnten auch Menschen, die keinen christlichen Glauben haben, diese Werte auf-

2.2. Sexualität, Wirtschaft, Frieden – die großen Überschriften von Teil II der Pastoralkonstitution

a) Sexualität

Neben unserem Wissen von unmittelbar gegebenen Daten, die uns erlauben, die Struktur der Dinge (und auch der Menschen) zu erfassen, diese beherrschen und uns ihrer bedienen können,[25] besitzen wir die Fähigkeit, die menschliche Person mit ihrer Würde und ihrer Ausrichtung auf ein letztes Ziel in den Blick zu nehmen, sie zu achten und zu unterstützen. Schließlich spüren wir selbst, dass wir eine eigene persönliche Würde besitzen und ein Lebensziel haben, das von niemand anderem vorgegeben werden oder in den Dienst genommen werden darf.[26]

---

nehmen und sie zu ihrer Sache machen. Das führte dazu, dass mehr als 150 Nationen jeder Kultur und Religion diese Charta unterschrieben und ratifizierten. Sechs arabische Länder (die die Gleichheit der Geschlechter nicht akzeptierten) unterzeichneten nicht. Die damalige UdSSR enthielt sich der Stimme.

25 Die Bioethik z.B. hat die wichtige Aufgabe, die ursprüngliche Würde jedes Menschen zu schützen. Deswegen wendet sie sich gegen Forschungen am lebendigen Körper, wie sie in den Konzentrationslagern der Nazis durchgeführt wurden, und auch gegen die bestimmter Manipulationen an Embryonen, die ja bereits menschliches Leben sind.

26 Die Weltversammlung der Religionen für den Frieden, die 1993 in Chicago gegründet wurde, geht von folgendem in allen Religionen vorhandenen Grundprinzip aus: „Was du nicht willst, dass man dir tu, das füg auch keinem anderen zu." Dies ist eine Grundeinsicht des Menschen überhaupt. Positiv gewendet, finden wir diesen Satz im Matthäusevangelium: „Alles, was ihr von anderen erwartet, das tut auch ihr ihnen" (Mt 7,12). Von diesem Grundsatz leitet die Weltversammlung der Religionen für den Frieden einige gemeinsame Prinzipien ab: nicht töten, nicht lügen, keine sexuelle Gewalt, nicht stehlen.

Der Mensch wird in die unterschiedlichsten Beziehungen hineingeboren und wächst in diesen heran. Deswegen spricht die Konstitution *Gaudium et spes* in dem Kapitel über die „drängenderen Probleme" über die Beziehung des Einzelnen zu anderen Menschen. Der erste Punkt behandelt die Beziehung zwischen Menschen unterschiedlichen Geschlechts und gibt Orientierungshilfen für Ehe und Familie.

Sexualität kann in einem engeren Sinne als Streben nach rein körperlicher, geschlechtlicher Vereinigung verstanden werden. Doch prägt sie die gesamte Persönlichkeit. Auch im Bereich der Sexualität gibt es im Menschen die bereits beschriebenen beiden Komponenten: einerseits die Bereitschaft zum analysierenden und vernunftgesteuerten Handeln, das auf Machtausübung aus ist, und auf der anderen ein umfassenderes intuitives Verhalten, das auf Verstehen und Empfangen hinzielt. Die Fülle der Menschlichkeit wird über die Verschmelzung dieser verschiedenen wertvollen Anlagen erreicht. Sie ist das Ziel der Liebe. Wer liebt, schenkt sich mit all seinen Vorzügen einer anderen Person. Er oder sie erkennt dabei alle Charakterzüge des anderen an und nimmt sie auf, ohne sie auszulöschen oder sich den anderen/die andere unterzuordnen, um die eigene Vorherrschaft zu festigen. Dabei entsteht gleichsam fast so etwas wie eine neue, durch das Zusammenwirken der verschiedenen Werte der beiden Liebenden erbaute gemeinsame Persönlichkeit.

Das Zweite Vatikanische Konzil betont in der Pastoralkonstitution, dass die Liebe in der Ehe den Vorrang hat.[27]

---

[27] In der Vergangenheit ging man in kirchlichen Äußerungen über die Ehe von deren juristischem Aspekt aus. Im Laufe der Kirchenge-

Damit zeigt es auf, dass Sexualität etwas sehr Wertvolles ist.

Die psychologischen und physiologischen Aspekte der Sexualität lassen sich rein vernunftgeleitet analysieren. Man kann sie instrumentalisieren und in den Dienst des eigenen körperlichen Wohlbefindens stellen – und sie sogar zu einer Ware machen. Intuitiv weiß man aber, dass Sexualität hingeordnet ist auf die Liebe als Verschenken der eigenen Person. Wer vollkommen liebt, verschenkt sich selbst, gibt sich der oder dem anderen ganz hin, die/der in dieser Hingabe fast als die Ergänzung von einem selbst anerkannt wird. Das drückt auch das erste Liebeslied der Bibel aus. Adam (jeder Mann) sagt über Eva (seine Frau): „Das endlich ist Bein von meinem Bein und Fleisch von meinem Fleisch. Frau soll sie heißen; denn vom Mann ist sie genommen. Darum verlässt der Mann Vater und

---

schichte wurde die Ehe immer mehr als „Vertrag" verstanden, dessen Gültigkeit man bewerten und dessen Merkmale (die Einheit zwischen zwei Einzelpersonen und die Unauflöslichkeit bis zum Tode einer der beiden) man beurteilen konnte. Vor diesem Hintergrund sprach man dann von einer Abstufung der Ziele der Ehe. Das primäre Ziel war die Fruchtbarkeit, das sekundäre das „remedium concupiscentiae" (das heißt das Zugeständnis, erlaubtermaßen den eigenen Sexualtrieb zu befriedigen) und das dritte die gegenseitige Einheit. Dies führte zu der in der Kirche weit verbreiteten (und vom Einfluss des Neuplatonismus der Antike zeugenden) Meinung, alles, was mit Sexualität verbunden ist, sei schlecht und könne nur in dem Maße toleriert werden, in dem es für die Fortpflanzung unerlässlich sei. Tatsächlich aber bezeichneten die antiken Philosophen als „primär" nicht das, was am wichtigsten, sondern das, was einer Sache am äußerlichsten ist. „Primär" war ursprünglich das, was man als Erstes wahrnimmt, und „sekundär" das, auf das man danach trifft („primär" war die Paarung der Tiere – und sekundär die für den Menschen spezifische Liebe).

Mutter und bindet sich an seine Frau und sie werden ein Fleisch" (Gen, 2,23–24).

Dieses Ideal von Liebe als totaler Hingabe sollte den Respekt für die eigene Sexualität zur Leitschnur der gesamten Ehevorbereitung machen – denn es weckt die Bereitschaft zur totalen Hingabe. Die Liebe sollte auch das Zusammenleben des Paares so leiten, dass beide nicht nur aufeinander Rücksicht nehmen, sondern sich in der gegenseitigen Liebe kontinuierlich weiterentwickeln. Die Liebe sollte schließlich die Gestaltung des Familienlebens prägen, die Aktivität der Ehepartner innerhalb und außerhalb der Familie leiten und vor allem die Erziehung der Kinder inspirieren, damit diese selbst lernen zu lieben.

Das gilt für jede Familie, egal welcher Kultur und Religion sie angehören. Denn zwei Menschen binden sich nicht aneinander, um im jeweils anderen etwas zu ersticken, sondern um es in beiden zu beleben. Erwachsene sollten die Kinder, die sie zeugen und gebären, nicht als Werkzeuge ansehen, durch die sie ihre Interessen befriedigen.[28] Sie sollten die Persönlichkeit der Kinder respektieren und sie auf dem Weg zur Selbständigkeit unterstützen.

Unterschiedliche Lebensauffassungen in der Welt sind Bestandteile des Weges, auf dem die Menschheit eine Verbesserung der Lebensumstände anstrebt. Das gilt zum Beispiel für die Tatsache, dass es dem Mann im Islam erlaubt ist, mehrere Frauen zu haben – unter der Bedingung,

---

28 Kinderarbeit gab es in Europa vor und zu Beginn der industriellen Revolution (vgl. die Romane von Charles Dickens oder in Italien von Giovanni Verga) und gibt es noch heute in einigen Ländern der Welt, in denen man der Ansicht ist, kleine Hände könnten gewisse Arten von Arbeit besser ausführen als Hände von Erwachsenen.

dass er alle gleich behandelt. Auch hier gibt es also einen Verweis auf die Liebe.[29] Manchmal wirft man Jugendlichen vor, sie hätten keine korrekte und umfassende Vorstellung von Sexualität; sie würden sie als Spiel ansehen oder als Anreiz zur Gewalt. Sie wüssten auch nicht, wie man Beziehungen rechtzeitig in stabile Familien umwandelt. Wer so redet, merkt nicht, dass gerade Menschen der älteren Generation diese Art von Oberflächlichkeit, von schnellem Gesinnungswandel und Frivolität vorgelebt, ins Rampenlicht gerückt und sogar noch öffentlich verteidigt haben. Massenkommunikationsmittel verbreiten solche Verhaltensmodelle und fordern zur Nachahmung auf.

Ich glaube, es ist wirklich wichtig, Menschen so zu erziehen, dass sie die eigene Seele der Liebe öffnen. Sexualität ist nicht nur ein Merkmal des Körpers, sie betrifft und prägt die gesamte Persönlichkeit und will sie offen machen für den anderen oder die andere. Gegen alle individualistisch und egoistisch geprägte Berechnung bewegt sie den Menschen, sich selbst zu verschenken.

b) Wirtschaft

Ähnliches gilt für die Wirtschaft. Die Wirtschaft ist eine spezifische Art und Weise, mit der Menschen zueinander in Beziehung treten. Geld und Finanzwesen dienen hier dem Austausch und der Herstellung von Waren. Auch auf diesem Gebiet können Menschen sich gegenseitig helfen, die Alltagsprobleme zu lösen und ihre eigene Menschlich-

---

29 Möglicherweise stammt diese Regelung aus einer Zeit, in der die Zahl der Männer durch Kriege dezimiert war und man für ein Zunehmen der Geburtenraten sorgen musste.

keit zu verwirklichen – sich eben nicht einzuigeln und materielle Güter im Dienste der eigenen, persönlichen Interessen zu sehen.

Auch in der Wirtschaft sind zwei Haltungen möglich: egoistisch ausschließlich zugunsten der eigenen Person Analysen und Berechnungen durchzuführen – oder offen zu sein für andere. Wer sich selbst als Mensch unter Menschen versteht, wer weiß, wie sehr er oder sie von Beginn des Lebens an abhängig ist von anderen, fühlt sich verpflichtet, selbst einen persönlichen Beitrag zum gemeinsamen Wachstum aller beizusteuern.

Objektiv gesehen, darf der einzelne Mensch, so glaube ich, nicht nur das Haben im Sinn haben. Er muss bedenken, dass er nur deswegen etwas hat, weil es ihm andere gegeben haben. Folglich muss auch er geben. Seit einiger Zeit fordert die Soziallehre der Kirche genau das ein. Sie fordert die „Bindung des Besitzes an das Allgemeinwohl". Die Konzilskonstitution *Gaudium et spes* tut dies ausdrücklich. Hier lesen wir: „Gott hat die Erde mit allem, was sie enthält, zum Nutzen aller Menschen und Völker bestimmt; darum müssen diese geschaffenen Güter in einem billigen Verhältnis allen zustatten kommen ... Darum soll der Mensch, der sich dieser Güter bedient, die äußeren Dinge, die er rechtmäßig besitzt, nicht nur als ihm persönlich zu eigen, sondern muss sie zugleich auch als Gemeingut ansehen, in dem Sinn, dass sie nicht ihm allein, sondern auch anderen von Nutzen sein können. Zudem steht allen das Recht zu, einen für sie selbst und ihre Familien ausreichenden Anteil an den Erdengütern zu haben" (GS 69).

Das ist eine starke Mahnung – umso mehr in einer Zeit, in der die Globalisierung die gesamte Menschheit dazu zwingt, die Konsequenzen des Handelns derjenigen zu ertragen, die an den Gipfeln der Finanzwelt und der Macht starr ausschließlich die eigenen Interessen oder die eines geschlossenen Personenkreises verfolgen. Geht es um Ruhe und Frieden, so erscheint, rein weltlich gedacht, die egoistische Verschlossenheit der Mächtigen als Widersinn und als Bedrohung des Friedens in der Gesellschaft.

Die Überlegungen des Konzils laden dazu ein, die Welt unter dem weiteren Blickwinkel des „Gemeinwohls" zu betrachten: Nur wenn Menschen treu zu einer Haltung stehen, die alle Menschen in den Blick nimmt, können Menschen, die wenig haben, neue Hoffnung schöpfen. Das gilt für die Menschheit, die heute durch die von den großen Finanzzentren hervorgerufene Finanzkrise erschüttert wird, ebenso wie für die Innenpolitik der einzelnen Länder, wo Börsenspekulationen oder skrupellose Investitionen Auswirkungen auf die unteren Schichten der Gesellschaft haben. Ich denke, in einer vom Streben nach Reichtum[30] und Macht beherrschten Welt sollten ein Gleichgewicht im Gebrauch der materiellen Güter, Achtung und Respekt im Dienst am Gemeinwohl beim Umgang mit finanziellen Mitteln (sowohl der öffentlichen Hand wie von Privatleuten!) zur grundlegenden Regel menschlichen Verhaltens werden. Denn eine Orientierung am Gemeinwohl hilft, dass viele Menschen die Chance auf ein wahrhaft menschliches Leben bekommen, das es wert ist, gelebt zu werden.

---

30 Jesus nannte den Reichtum „Mammon". Er sah im Reichtum einen Gegensatz zu Gott und folglich auch zur wahren Religiosität: „Ihr könnt nicht beidem dienen, Gott und dem Mammon" (Mt 6,24).

Gelingt es einigen Gruppen von Erpressern, über Drohungen und Entführung stark und in der eigenen Gegend gefürchtet zu werden, so entsteht ein kriminelles Netzwerk von Unterdrückung und Ausbeutung, das vor dem Mord an den Menschen nicht zurückschreckt, die dieses unmenschliche System nicht akzeptieren. Es gab und gibt immer noch starke Persönlichkeiten, die sich gegen das organisierte Verbrechen stellen. Sie lassen darauf hoffen, dass viele, auch junge Menschen, merken, wie man auf dem Boden der Gesetze legal gegen diese Verbrechen vorgehen kann, indem man sich zusammenschließt und sich weigert, dem Druck der Verbrecherbanden nachzugeben. Alle – Richter, Menschen des öffentlichen Lebens und Vertreter der Kirche, die sich zu Anführern des Widerstandes gegen das organisierte Verbrechen machen und dabei sogar den Tod in Kauf nehmen – verdienen höchsten Respekt. Sie geben ein Beispiel, wie man sein Leben für Ideale hingeben kann, die man für wichtiger hält als das eigene leibliche Leben.

c) Frieden

Gaudium et spes zieht dann den Kreis noch weiter. Die Pastoralkonstitution nimmt die Beziehung zwischen Völkern und Nationen und damit auch den Frieden in den Blick. Von Anfang an stellt sie zwei Haltungen einander gegenüber – Verschlossenheit und Offenheit: „Der Friede besteht nicht darin, dass kein Krieg ist; er lässt sich auch nicht bloß durch das Gleichgewicht entgegengesetzter Kräfte sichern; er entspringt ferner nicht dem Machtgebot eines Starken; er heißt vielmehr mit Recht und eigentlich ein ‚Werk der Gerechtigkeit' (Jes 32,17) ... Dieser Friede kann auf Erden nicht erreicht werden ohne Sicherheit für das

Wohl der Person und ohne dass die Menschen frei und vertrauensvoll die Reichtümer ihres Geistes und Herzens miteinander teilen. Der feste Wille, andere Menschen und Völker und ihre Würde zu achten, gepaart mit einsatzbereiter und tätiger Brüderlichkeit – das sind unerlässliche Voraussetzungen für den Aufbau des Friedens" (GS 78).

Gaudium et spes versteht Frieden nicht mehr als Pause zwischen Kriegen, die für das Entstehen und Weiterleben von Völkern unerlässlichen scheinen. Die Pastoralkonstitution lenkt vielmehr von vornherein den Blick auf den Frieden, wie er idealerweise Geschichte prägt. Es sieht ihn als Ausdruck von Gerechtigkeit und Liebe. Frieden so zu verstehen hatte auch die Enzyklika *Pacem in terris* von Papst Johannes XXIII. nahegelegt. In dieser zwischen der ersten und der zweiten Sitzungsperiode des Konzils erschienenen Enzyklika verurteilt Papst Johannes XXIII. den Krieg und nennt ihn „absolut irrational"[31]. *Pacem in terris* lehrt darüber hinaus, der Friede beruhe auf vier Grundpfeilern: der Wahrheit (vor allem der „Wahrheit" jeder menschlichen Person), der Gerechtigkeit (dass jedem das gegeben wird, was ihm zusteht), der Liebe (heute würden wir sagen: der Solidarität derjenigen, die zu viel haben, mit denjenigen, die zu wenig haben) und der Freiheit (nicht nur unserer eigenen Freiheit, sondern der aller Menschen). Auch wenn das Konzil nicht so weit ging, Krieg an sich[32]

---

31 Der lateinische Text lautet (III): „alienum a ratione" – das bedeutet: „jenseits der Vernunft".

32 Zu dieser Zeit führte die USA Krieg gegen Vietnam. Amerikanische Bischöfe baten uns, „denjenigen, die im Fernen Osten gerade die christliche Zivilisation verteidigen, nicht in den Rücken zu fallen ..." Lässt sich aber, wenn man das Problem von Krieg und Frieden im Lichte des Evangeliums sieht, Krieg an sich und jeder konkrete Krieg überhaupt rechtfertigen?

abzulehnen, so verurteilte es, nachdem es dazu eingeladen hatte, das Thema Krieg in einer völlig neuen Haltung zu betrachten, doch zumindest den „totalen Krieg". In *Gaudium et spes* steht: „Deshalb macht sich diese heilige Synode die Verurteilung des totalen Krieges, wie sie schon von den letzten Päpsten ausgesprochen wurde, zu eigen und erklärt: Jede Kriegshandlung, die auf die Vernichtung ganzer Städte oder weiter Gebiete und ihrer Bevölkerung unterschiedlos abstellt, ist ein Verbrechen gegen Gott und gegen den Menschen, das fest und entschieden zu verwerfen ist" (GS 80).

Das sind starke Worte. Damals bezeichnete man mit „totaler Krieg" einen mit ABC-Waffen (Atomwaffen, biologischen und chemischen Waffen) geführten Krieg. Heute fragen wir uns, ob die auf dem Konzil verkündete klare Ablehnung des Krieges, der ja immer dazu tendiert, in einen „totalen Krieg" umzuschlagen, in der christlichen Öffentlichkeit wirklich mehr Anhänger und Anhängerinnen hat als zur Zeit des Zweiten Vatikanischen Konzils.

Leider blieb das Konzil mit seiner Friedenslehre hinter dem Wunsch vieler Bischöfe zurück, die forderten, Krieg an sich solle als unmenschlich (schließlich töten Tiere z. B. keine Artgenossen) oder als unchristlich verurteilt werden. Doch wurde eine Vertiefung der Stellungnahme zum Krieg in die Wege geleitet. Dies führte dazu, dass Papst Paul VI. 1967 von den ersten Worten seiner Enzyklika *Populorum Progressio* an betonte, der neue Name für Frieden sei die „umfassende Entwicklung der Völker". In ihr kritisierte er auch, einige Völker würden durch ihre unbegrenzte Entwicklung die Entwicklung der Mehrheit der Menschheit verhindern. 1987 erklärte Johannes Paul II. in der Enzyklika *Sollicitudo rei socialis* unter Bezugnahme auf das Dokument von Papst Paul VI., der neue Name für Friede sei „Solidarität", die derzeitige Bezeichnung für Nächstenliebe. In den letzten Lebensjahren von Johannes Paul II. und in einigen Bemerkungen von Benedikt XVI. zeigt sich eine Weiterentwicklung der Friedenslehre der Päpste. Heute verkündet man, die „aktive Gewaltlosigkeit", die bereits Gandhi als „Wahrheit und Freiheit" angepriesen hatte, habe den Vorrang.

Unzählige Menschen hoffen heute auf einen dauerhaften Frieden. Gerechtigkeit und Frieden scheinen „Utopien"[33] zu sein, das heißt etwas, was es nicht gibt. Doch dürfen wir deswegen nicht denken, beides sei unmöglich. Es ist nur schwer, eine Utopie zu verwirklichen. Gerade deswegen sollten wir mutig und ausdauernd dafür arbeiten, dass sie Wirklichkeit wird.

2.3. Glaube als Antriebskraft

Die Konstitution *Gaudium et spes* zeigt diese intuitiv erfassbaren Ideale auf eine Art und Weise, dass sie jeder Mensch guten Willens aufnehmen und sich zu eigen machen kann. Natürlich spricht das Konzil oft auch vom „Plan Gottes" oder zeigt Jesus Christus als Beispiel, doch argumentiert es grundlegend weltlich. Es geht stets vom Menschen aus. Deswegen können Menschen

---

33 Das Wort Utopie leitet sich von dem griechischen „U-Topos" – „Nicht Ort" ab. Der Engländer Thomas Morus (1479–1535) stellte die Utopie als eine ideale Insel dar. Bischof Tonino Bello (1935–1993) wandelte das Wort U-topie in Eu-topia. „Eu" bedeutet „gut".

jeder Kultur und Angehörige jeder Religion diese Überlegungen nachvollziehen.[34]

Um zu zeigen, dass es zwischen einer humanistisch geprägten Ethik und der christlichen Offenbarung grundlegende Verbindungen gibt und dass die Offenbarung die Ethik inspirieren kann, führte man am Ende jedes Kapitels der Konstitution aus, welche im christlichen Glauben gegebenen Gründe Christinnen und Christen mehr als andere dazu verpflichten, die beschriebene Haltung umfassender Menschlichkeit zu verwirklichen.

Zu Beginn spricht die Konstitution von der Würde der menschlichen Person, nennt ihre Aufgabe in der Welt und beschreibt die Sendung der Kirche in der Welt von heute. Sie zählt auf, wie viel die Kirche dem Einzelnen und der Gesellschaft anbietet, und benennt, inwiefern sie selbst von der Gesellschaft, vom wissenschaftlichen und kulturellen Fortschritt profitiert. Dann lehrt die Konstitution, Jesus sei der neue Mensch, der wahre Adam, den wir in jedem Menschen entdecken sollen; *er ist das Fundament*. Er gibt ein Beispiel einer umfassenden Solidarität und begründet so einen „neuen Himmel und eine neue Erde", das heißt eine neue Weise, die übernatürliche Wirklichkeit zu sehen und auf der Erde das Leben zu leben; als „Alpha und Omega"[35], als Anfang und Ende, zeigt Christus der Menschheit und jedem Einzelnen, wie das eigene Leben und die Gesell-

---

34 So wird klar, warum eine Gruppe von Bischöfen am ersten Entwurf der Konstitution kritisierte, er sei zu menschlich, zu „optimistisch", man tue so, als gebe es keine Sünde, als sei die Erlösung nicht notwendig.
35 „Anfang und Ende" werden symbolisiert durch den ersten und letzten Buchstaben des griechischen Alphabets.

schaft gestaltet werden können, und fordert dazu auf, sich dafür auch zu engagieren.

Die Lehre der Offenbarung und hier besonders die Bilder der Beziehungen zwischen Gott und seinem Volk lassen das zuvor Gesagte in einem neuen Licht erscheinen und bekräftigen es. Der Glauben lässt zum Beispiel eintreten für die unauflösliche Ehe mit einem einzigen anderen Menschen, für die Familie, in der man Liebe erfährt und für die Liebe Zeugnis ablegt. Auch wie die materiellen Güter gebraucht werden sollen, zeigt die Lehre Jesu. Die Seligpreisungen (Selig, die arm sind im Geist..., Mt 5,3ff) lehren klar, dass sich die Offenheit für Gott und das Streben nach Reichtum gegenseitig ausschließen („Ihr könnt nicht beiden dienen, Gott und dem Mammon, Lk 16,13). Der Apostel Paulus spricht eine deutliche Sprache. Er nennt Geiz echten Götzendienst (Kol 3,5).

Über den Frieden sagt das Konzil, dass Christus unser Friede ist (vgl. Eph 2,14), gekommen um Gott die Ehre zu bringen und auf Erden Frieden den Menschen, die er liebt (vgl. Lk 2,14). Alle Menschen, die sich Christen nennen, sollen es sich deswegen zur Aufgabe machen, Gott durch ihr Leben ebenso Ehre zu erweisen wie jedem seiner Geschöpfe, vom kleinsten bis hin zum erhabensten,[36] und auf Erden Frieden zu bringen – nicht nur den Menschen guten Willens (wie man früher die Lukasstelle übersetzte und dabei an die eigenen Freunde oder wenigstens an alle, die keine Feinde waren, dachte), sondern „den Menschen, die Gott liebt", das heißt wirklich allen Menschen, denn Gott liebt ja alle.

---

36 Früher sprach man vom „siebten Himmel" – das „Heilig... Gott in der Höhe" bezieht sich genau auf die erhabensten Geschöpfe.

Anzufügen wäre noch, dass das Konzil die Muttergottes am Ende der Kirchenkonstitution als Urbild (als Modell und Beginn) der Kirche und des christlichen Lebens gezeigt hat. Die wenigen Stellen, an denen die Evangelien sie erwähnen, zeigen sie uns als Frau, die aufmerksam Leid und Unbehagen der Menschen wahrnimmt.[37] Maria stimmt auch das Magnificat an. Dieser Hochgesang fasst die wichtigsten Themen des Ersten Testamentes zusammen und zeigt, was Gott von den Gläubigen will. Die Mutter Gottes besingt Gott: „Der zerstreut, die im Herzen voll Hochmut sind; er stürzt die Mächtigen vom Thron und erhöht die Niedrigen. Die Hungernden beschenkt er mit seinen Gaben und lässt die Reichen leer ausgehen" (Lk 1,46—55).

Nichts Außergewöhnliches wird offensichtlich von den Menschen verlangt; sie sollen nur ihr Bestes geben, sich nicht auf eine zweckrationale Haltung beschränken und ausschließlich auf die Befriedigung der persönlichen Bedürfnisse aus sein, sondern sich den Werten öffnen, die uns in einer Welt größerer Vielfalt leben lassen, in der wir freier atmen können, einen weiteren Horizont haben und eine Fülle vorfinden, die uns glücklicher leben lässt als in einer egoistischen Grundhaltung. Nicht zufällig hat das Leben Jesu zwei Abschnitte: Drei Jahre lang offenbarte er in seinem öffentlichen Leben die Geheimnisse Gottes und wirkte Wunder; diese drei Jahre endeten mit seinem erlösenden Tod und seiner Leben spendenden Auferstehung. Davor hatte er die ersten dreißig Jahre — also den sehr viel

---

37 Sie erkennt die Angst der alten und bisher unfruchtbaren Elisabet, die plötzlich ein Kind erwartet (Lk 1,39), ebenso wie die Verlegenheit der Eheleute der Hochzeit von Kana, denen der Wein ausgegangen war (Joh 2,3).

größeren Teil seines Lebens – gelebt, ohne außergewöhnliche Taten zu vollbringen. Auch in dieser Zeit lebte er sein Ideal in seinem ganz gewöhnlichen Alltag. Hier nahm er schweigend die Fülle der Öffnung und der Hingabe an Gott und an die anderen vorweg; er führte offensichtlich ein „weltliches", in Wirklichkeit jedoch nachweislich übernatürliches und wahrhaft „heiliges" Leben.

3. Die Antworten des Konzils: das spezifisch Christliche

3.1. Mit Gott auf Du und Du

Das Konzil fordert uns auf, offen zu sein für grundlegende Ideale, die von naturwissenschaftlich-technischen Analysen ausgehen und sie mit der Wahrheit verbinden. In den Konstitutionen über das Wort Gottes und die Liturgie nimmt das Konzil die in jedem Menschen vorhandene religiöse Dimension sehr deutlich wahr und bietet deswegen der Menschheit an, ihr bei der Suche nach einer Antwort auf die tiefen Fragen nach dem Warum zu helfen. Auch wenn der Mensch diese Fragen manchmal kaum beachtet, so spürt er sie doch in seinem Verstand und Herz.

Im Folgenden möchte ich darstellen, auf welche Weise das Konzil uns hilft, umfassend unsere persönliche Identität zu entdecken und Antworten auf die Fragen: Wer bin ich? Warum bin ich? Was ist meine Aufgabe? zu finden. In unserer Lebenswelt stürzt eine Informationsflut auf uns ein. Viele verschiedene Ereignisse erfordern unsere Aufmerksamkeit. Wir sind in der Gefahr, wichtig von unwichtig nicht mehr unterscheiden zu können, vieles eher oberflächlich zu betrachten und zu verlernen, grundlegende existentielle Fragen zu stellen.[38]

---

38 Erschreckend ist die Tatsache, dass gerade in den Ländern mit der größten Informationsdichte, wie zum Beispiel in Japan, die Zahl der Jugendlichen zunimmt, die Selbstmord begehen. Meines Erachtens sehen sie angesichts großer Probleme keinen anderen Ausweg als die Flucht.

Das Konzil hat dem Volk Gottes die Bibel zurückgegeben. Sie erzählt uns nicht nur die Geschichte der Schöpfung, der Sünde, der Offenbarung – von Abraham über Mose zu Jesus Christus und zur Apokalypse, dem letzten Buch des biblischen Kanons. Die Bibel zeigt vor allem, auf welche Weise Gott mit der Menschheit ein Gespräch beginnt, um ihr zu offenbaren, dass er die Liebe ist und dass die Liebe die Fülle des Menschseins verkörpert.

Natürlich war die Bibel für das Leben der Kirche und der einzelnen Gläubigen stets ein grundlegendes Buch: doch ist sie auch eine Sammlung von schwer verständlichen Büchern, die in der Kirche selbst, gerade weil sie nicht leicht zu verstehen sind, verschieden ausgelegt wurden. Da dies im Laufe der Kirchengeschichte zu Spaltungen und Auseinandersetzungen[39] geführt hatte, übernahmen die Kirchenoberen die Aufgabe, der Bibel die Wahrheiten zu entnehmen, die in ihrer Gesamtheit geglaubt werden sollten, und fassten diese in einem „Katechismus" zusammen.

Im Laufe der Geschichte entwickelte sich das Verständnis der Bibel weiter und vertiefte sich. So konnte die in ihr

---

39 Vor allem im 15. Jahrhundert trennten sich in Europa einige Gruppen und ganze Länder von der römisch-katholischen Kirche. Sie beriefen sich dabei auf die Bibel und nahmen sie als einzigen Bezugspunkt für den Glauben („sola scriptura, sola fides"). Weil sie zeigen wollten, wie stark sie der Bibel verpflichtet waren, nannten sie sich „Evangelische" Christen. Wegen ihrer Proteste gegen die zivile Autorität, die sie unterdrücken wollte, wurden sie „Protestanten" genannt. Das Konzil von Trient (1545–1563) sollte Glaubenswahrheiten, die von den Protestanten angezweifelt wurden, genauer fassen. Als Vorsichtsmaßnahme verbot das Konzil von Trient die Übersetzung der Bibel in die Volkssprachen. Veröffentlichungen der Bibel ausschließlich auf Latein erlaubte es nur unter der Bedingung, dass diese in Fußnoten Erklärungen und Kommentare enthielten.

enthaltene Geschichte immer besser verstanden und ihre Wahrheiten immer besser gelebt werden. Auf diese Weise wuchs die Bedeutung der Tradition. Das Lehramt sah es infolgedessen immer mehr als seine Aufgabe an, festzulegen, was zur Tradition der Kirche gehört, und das, was festgelegt worden war, zu schützen. Dies führte dazu, dass für die Gläubigen im Laufe der Zeit der Katechismus wichtiger wurde als die Bibel: Die Bibel lieferte die Grundlagen, die der Katechismus dann weiterentwickelte und im Zusammenhang darstellte. Diese Einstellung prägte anscheinend auch das von der dafür zuständigen „Vorbereitungskommission" erarbeitete Dokument „Die Quellen der Offenbarung". Bereits der Plural zeigte, dass man sowohl die Heilige Schrift als auch die Tradition jeweils als Quelle der Offenbarung ansah.[40]

Das Dokument über die Offenbarung wurde erst nach vielen Diskussionen gegen Ende der letzten Sitzungsperiode gebilligt und endgültig verabschiedet. Dass es dem Wort Gottes den Vorrang gab, zeigt der Titel, die ersten lateinischen Worte: *Dei Verbum*. Sie zeigen, dass die Tradition im Dienst am Wort Gottes steht; ebenso der Text: „Das Lehramt steht nicht über dem Wort Gottes, sondern dient ihm, indem es ... das Wort Gottes ... voll Ehrfurcht hört, heilig bewahrt und treu auslegt" (DV 10). Das Lehr-

---

[40] Bei der ersten Durchsicht billigte die Mehrheit der Bischöfe diese Gliederung nicht, doch erreichten die „non placet"-Stimmen (die Stimmen für die Ablehnung eines Dokuments) nicht die Zwei-Drittel-Mehrheit der Abstimmenden. Gemäß der Konzilsordnung war dieser Prozentsatz für die Ablehnung eines Dokuments unabdingbar; man hätte also über einen Text diskutieren müssen, den die Mehrheit nicht wollte. Johannes XXIII. löse das Problem, indem er kraft seiner päpstlichen Autorität entschied, den Text zu einer weiteren Überarbeitung an die Kommission zurückzugeben.

amt liefert die authentische Interpretation des Wortes Gottes.[41]

Das Konzil machte den Menschen Mut, die Bibel zu lesen. Die Kirche erhöhte erkennbar die Zahl der biblischen Lesungen in liturgischen Feiern und betonte ihre Wertschätzung der Bibellektüre von Einzelpersonen oder von Gruppen. An dieser Stelle möchte ich dazu einladen, den tieferen Sinn dieser kleinen, aber genau dem Geist des Konzils[42] entsprechenden Revolution[43] noch deutlicher zu erfassen.

Die religiöse Suche nach Gott ist die tiefste Anlage oder das allumfassendste intuitive Gefühl jedes Menschen.

---

41 Bei der Lektüre der Bibel gilt es von Anfang an „sorgfältig zu erforschen, was die heiligen Schriftsteller wirklich zu sagen beabsichtigten und was Gott mit ihren Worten kundtun wollte" (DV 17), indem man die Entstehungszeit der Schriften berücksichtigt sowie den kulturellen Rahmen, in dem sie entstanden sind. (Die Frage nach den „Textgattungen" wurde vor noch nicht allzu langer Zeit vom Lehramt mit Misstrauen angesehen, weil sie von protestantischen Bibelwissenschaftlern gestellt wurde. Heute bedient sich das Lehramt selbst dieser Methode). So wollte man den Irrtum (dem auch renommierte Wissenschaftler verfallen) vermeiden, blindlings in der Mentalität von heute das zu lesen, was in einer anderen Mentalität, anderen Kultur und mit einem anderen Stil geschrieben worden war.

42 Sich auf den Geist des Konzils zu berufen ist kein Trick, um das Konzil das sagen zu lassen, was es selbst nicht sagen wollte. Hier geht es vielmehr darum, ausgehend von den Konzilstexten selbst herauszufinden, was ihre Aussageabsicht ist, ihre „tiefste Seele", das, was den äußeren Neuerungen, die der Text vorlegt, einen umfassenden Sinn gibt.

43 Manche mögen es nicht, wenn jemand bezüglich des Konzils von „Revolution" oder gar von „kopernikanischer Wende" spricht. Davon später. Sicher bedeutete die Tatsache, dass man alle Vorsichtsmaßnahmen beiseiteließ und die Bibel wieder in die Hand der Gläubigen gab, ja diese sogar dazu ermutigte, sich mit ihr vertraut zu machen, eine große Neuheit.

Schon Cicero schrieb, es gebe kein Volk, das nicht seine Gottheiten, Tempel und Riten habe. Durch die Überhöhung von Vorstellungen, die Menschen in ihrer Lebenswelt ausbilden, machen sie sich Bilder von Gott: Die Gottheiten erscheinen als erweiterte und dann wieder verdichtete Menschlichkeit mit allen ihren Grenzen, Gegensätzen und Widersprüchen. Einer Menschheit, die sich ihre Götter nach ihrem eigenen Bild und Gleichnis bildet, will Gott selbst jedoch offenbaren, dass er jenseits von allem ist, was immer Menschen sich vorstellen können, und dass er die Welt und in ihr den Menschen erschaffen hat – ebendiesen Menschen nach dem Bild und Gleichnis Gottes. Um dies zu offenbaren, erwählte er einen Menschen, Abraham, und führte ihn weit weg von seinem Volk und seiner Religion. Er ließ Abrahams Stamm wachsen und in Ägypten zu einem Volk werden. Mose führte dieses nach vierzig Jahren Wanderschaft durch die Wüste zum „Gelobten Land"[44].

Damals offenbarte sich Gott als der absolut „Andere": „Der Herr gab zur Antwort ... Du kannst mein Angesicht nicht sehen; denn kein Mensch kann mich sehen und am Leben bleiben." Er offenbarte sich als jemand, den man sich nicht vorstellen, dessen Wirken man aber aufgrund seiner Taten erahnen kann.[45] Die Israeliten begannen zu

---

44 Dieses Land bewohnten damals die Philister. Daher stammt der Name Palästina.

45 Als Mose mit seiner Herde zu den Hängen des Berges Horeb (Sinai?) kam, hörte er, wie ihn jemand anrief und sich vorstellte als „Ich bin der Gott deines Vaters, der Gott Abrahams, der Gott Isaaks und der Gott Jakobs". Auf seine Frage nach dessen Namen hört er die Antwort: „Ich bin der ‚Ich-bin-da'" (Ex 3,6.14). Das ist keine philosophische Definition, sondern der Hinweis darauf, dass man die Realität Gottes aus dem erahnen kann, was er tut. So als sagte Gott: „Du er-

spüren, dass dieser Gott ihnen sehr nahe ist: „Denn welche große Nation hätte Götter, die ihr so nah sind wie Jahwe, unser Gott, uns nah ist, wo immer wir in anrufen?" (Dtn 4,7). Und sie machten auch die Erfahrung: „Jahwe ist größer als alle Götter" (Ex 18,11; Ps 135,7). Die Erkenntnis, dass Jahwe „Gott der Götter" ist, fassten sie noch einmal genauer: „Gott, dein Gott" ist für sie der einzige wahre Gott: „Höre, Israel! Jahwe, unser Gott, Jahwe ist einzig" (Dtn 6,4) oder auch „... außer dir gibt es keinen Gott" (so steht in 1 Chr 17,20). Das wiederholen auch die Propheten – allen voran Jesaja (vgl. Jes 44–46).

Die Offenbarung wirkt in zwei Richtungen, nämlich „vertikal": Sie macht den Menschen offen für Gott – jenseits und oberhalb all unserer Vorstellungsversuche. Und sie wirkt „horizontal": Sie drängt uns zur Offenheit gegenüber dem anderen. Damit hilft sie uns, in uns selbst die Neigung zu überwinden, uns in uns selbst zu verschließen und den anderen als etwas zu sehen, vor dem wir uns abschotten oder das wir beherrschen müssen. Die Menschen sollen offen sein für den „Nächsten", für Bruder und Schwester, das heißt für ein anderes Mitglied des eigenen Volkes.[46]

---

kennst mich an dem, was ich für dich tue". Darauf spielt auch die Aufreihung der Vorväter an, die von ihm geführt worden waren. In der Tat sagt Gott unmittelbar danach: „Jahwe, der Gott eurer Väter, der Gott Abrahams, der Gott Isaaks und Jakobs ... Das ist mein Name für immer" (Ex 3,15).

46 Darauf verweist das Buch Levitikus im Gesetz der Heiligkeit. Hier lesen wir: „Du sollst in deinem Herzen keinen Hass gegen deinen Bruder tragen ... An den Kindern deines Volkes sollst du dich nicht rächen und ihnen nichts nachtragen. Du sollst deinen Nächsten lieben wie dich selbst. Ich bin der Herr" (Lev 19,17–18).

Armen und Fremden gilt ein besonderes Mitgefühl: „Wenn ihr die Ernte eures Landes einbringt, sollt ihr das Feld nicht bis zum äußersten Rand abernten. Du sollst keine Nachlese von deiner Ernte halten. In deinem Weinberg sollst du keine Nachlese halten und die abgefallenen Beeren nicht einsammeln. Du sollst sie den Armen und dem Fremden überlassen. Ich bin der Herr, euer Gott" (Lev 19, 9–10).[47]

Gott nimmt sich besonders der Menschen an, die niemanden haben, der sie verteidigt. Das sind in einem stark patriarchalisch, männlich geprägten Land die Witwen und natürlich auch die Waisen. Einem Menschen beizustehen, der die eigene Zuwendung gebührend honorieren kann (sie könnte so das Ergebnis von mehr oder weniger egoistischen Berechnungen sein), fällt nicht schwer. Echte Hilfe jedoch wird jemandem zuteil, der als Mensch nicht zählt und nichts zurückgeben kann: Gott („ein Vater der Waisen, ein Anwalt der Witwen", Ps 68,6) kümmert sich um solche Menschen und schützt sie.[48] Nicht immer wa-

---

[47] Nicht nur der Fremde soll geschützt werden: „Der Fremde, der sich bei euch aufhält, soll euch wie ein Einheimischer gelten, und du sollst ihn lieben wie dich selbst; denn ihr seid selbst Fremde in Ägypten gewesen. Ich bin der Herr, euer Gott" (Lev 19,32). Auch alte Menschen verdienen Achtung: „Du sollst vor grauem Haar aufstehen, das Ansehen eines Greises ehren und deinen Gott fürchten. Ich bin der Herr" (Lev 19,32).

[48] So lauten die Mahnungen, die ab dem Sinai die Zehn Gebote begleiten: „Einen Fremden sollst du nicht ausnützen oder ausbeuten, denn ihr selbst seid in Ägypten Fremde gewesen. Ihr sollt keine Witwe oder Waise ausnützen. Wenn du sie ausnützt und sie zu mir schreit, werde ich auf ihren Klageschrei hören. Mein Zorn wird entbrennen, und ich werde euch mit dem Schwert umbringen, so dass eure Frauen zu Witwen und eure Söhne zu Waisen werden" (Ex 22,20–23). Am Ende des Bundesschlusses steht dann: „Verflucht, wer das Recht der Fremden, die Waisen sind, und das der

ren die Israeliten treu. Dass Gott sein Volk nicht schützte, ja dass er sogar zuließ, dass zuerst Samaria und dann Jerusalem zerstört wurden, ist die Folge der Treulosigkeit des auserwählten Volkes. Unermüdlich erinnerten die Propheten das Volk an die Pflichten, die sich aus dem ersten Bund ergeben. Damit nehmen sie den Neuen Bund vorweg. Dieser wird in späteren Zeiten als Bund des Messias[49] ein Bund im Herzen des Menschen sein.

Jesus offenbart, dass Gott die Liebe ist. Diese Liebe bietet Gott als Vater-Sohn-Heiliger Geist[50] allen Menschen an: „Ihr habt gehört, dass gesagt worden ist: Du sollst deinen Nächsten lieben und deinen Feind hassen. Ich aber sage euch: Liebt eure Feinde und betet für die, die euch verfolgen, damit ihr Söhne eures Vaters im Himmel werdet; denn er lässt seine Sonne aufgehen über Bösen und Guten,

---

Witwen beugt. Und das ganze Volk soll rufen: Amen" (Dtn 27,19). Ihnen und den Leviten soll das Volk den zehnten Teil abgeben, damit sie „davon in deinen Stadtbereichen essen und satt werden" (Dtn 26,12). Über Übeltäter steht im Psalm 94: „Herr, sie zertreten dein Volk, sie unterdrücken dein Erbteil. Sie bringen die Witwen und Waisen um. Sie morden die Fremden" (Ps 94,5–6).

49 Das Erste Testament mit der Erzählung von dem mit Mose geschlossenen Bund zeigt die lange Geschichte einer Pädagogik, durch die Gott durch das Gesetz und die Propheten das Volk Gottes zur Offenheit gegenüber Gott und dem Nächsten erziehen wollte, die dann in ihrer Fülle durch Jesus Christus zustande kommen wird („Viele Male und auf vielerlei Weise hat Gott einst zu den Vätern gesprochen durch die Propheten; in dieser Endzeit aber hat er zu uns gesprochen durch den Sohn, den er zum Erben des Alls eingesetzt hat und durch den er auch die Welt erschaffen hat"; Hebr 1,1–2). Diese Pädagogik zielt bereits in ihren frühesten Zeugnissen darauf ab, mit Hilfe bestimmter Formulierungen den Geist derjenigen zu öffnen, an die sie sich richtet. Diese werden später weiterentwickelt und vollendet (vgl. 1 Joh 4,7–8).

50 Jesus spricht häufig von den drei göttlichen Personen. Ihre „Einheit" spiegelt die Tauformel. Sie zeigt, dass die Taufe ein Eintauchen in die Wirklichkeit von Gott Vater-Sohn-Heiliger-Geist ist.

und er lässt regnen über Gerechte und Ungerechte" (Mt 5,43–45). Jesus zeigt, dass er nicht mehr die bisher gültige, auf Gegenseitigkeit beruhende Norm verkündet, sondern eine neue Botschaft: „Wenn ihr nämlich nur die liebt, die euch lieben, welchen Lohn könnt ihr dafür erwarten? Tun das nicht auch die Zöllner? Und wenn ihr nur eure Brüder grüßt, was tut ihr damit Besonderes? Tun das nicht auch die Heiden?" (Mt 5,46–47). Und Jesus schließt sehr bedeutungsvoll: „Ihr sollt also vollkommen sein, wie es auch euer himmlischer Vater ist" (Mt 5,47).

Auf die Frage, welches „das wichtigste Gebot" ist, antwortet Jesus dem Gesetzeslehrer: „Du sollst den Herrn, deinen Gott, lieben mit ganzem Herzen, mit ganzer Seele und mit all deinen Gedanken. Das ist das wichtigste und erste Gebot. Ebenso wichtig ist das zweite: Du sollst deinen Nächsten lieben wie dich selbst. An diesen beiden Geboten hängt das ganze Gesetz samt den Propheten" (Mt 22,37–40).[51]

Die Bibel ist also eine einzige lange Rede, in der Gott nach und nach, jedoch unbestreitbar, offenbart, dass er die

---

51 Lukas zeigt genauer, wer der Nächste ist. Er erzählt das Gleichnis vom Guten Samariter (Lk 10,30–37). Hier erweist sich gerade der schlecht angesehene(!) Samariter als Nächster. Denn er hält an, um einem armen Israeliten zu helfen, der unter die Räuber gefallen ist. Johannes zieht daraus in seinem ersten Brief folgenden Schluss: „Liebe Brüder, wir wollen einander lieben; denn die Liebe stammt von Gott und erkennt Gott. Wer nicht liebt, hat Gott nicht erkannt; denn Gott ist die Liebe …, wenn Gott uns so geliebt hat, müssen auch wir einander lieben … Gott ist die Liebe, und wer in der Liebe bleibt, bleibt in Gott, und Gott bleibt in ihm … Wenn jemand sagt: Ich liebe Gott, aber seinen Bruder hasst, ist er ein Lügner. Denn wer seinen Bruder nicht liebt, den er sieht, kann Gott nicht lieben, den er nicht sieht. Und dieses Gebot haben wir von ihm: Wer Gott liebt, soll auch seinen Bruder lieben" (1 Joh 4,7–21).

Liebe ist und dass wir einander lieben sollen. Die Liebe ist die Sprache, mit der sich Gott an die Menschheit und folglich an jeden Menschen wendet. Da nun Gott bereits bei der Erschaffung der Welt an jeden Einzelnen und jede Einzelne von uns dachte (Gott hat eine Welt erwählt, in der auch ich in dieser meiner Situation in Zeit und Raum sein soll), wendet er sich auch in der Bibel an jeden und jede von uns. Er will, dass wir wissen, dass die Wirklichkeit Liebe ist und dass wir uns in Liebe dafür entscheiden, in der konkreten Existenz unseres eigenen Lebens die Liebe zu leben.

Wir alle haben eine je eigene Berufung (zum Priester- und Ordensleben ebenso wie zur Ehe, zu einem bestimmten Beruf, zum Leben als Staatsbürger oder einfach dazu, als bestimmter Mensch zu leben, geprägt durch tausend verschiedene Gegebenheiten wie Gesundheit, Fähigkeiten, Umgebung ...). Egal ob wir vor großen Lebensentscheidungen stehen oder im konkreten Alltag zu verstehen suchen, was der Herr von uns will, immer gilt: Je besser man die Sprache versteht, durch die Gott zu Menschen durch andere von ihm inspirierte Menschen spricht, desto leichter kann man den Anruf Gottes aufnehmen. Zu glauben bedeutet, auf den Anruf Gottes mit „ja" zu antworten. Was aber als Begrenzung unserer Autonomie erscheinen mag, ist eine ganz besondere Qualität unseres Handelns; denn es geht darum, am Projekt Gottes, dem Projekt der Liebe, mitzuarbeiten. Manchmal finden Menschen viele Ausflüchte und zögern, sich für das zur Verfügung zu stellen, wofür Gott ihre Mitarbeit braucht. Doch trotz der schlimmsten Weigerung (der Sünde) wendet Gott stets alles zum Guten. Er wandelte sogar die Ermordung seines Mensch gewordenen Sohnes zum Heil der gesamten Menschheit.

Am Ende der Konstitution über die Kirche verweist das Konzil auch hier explizit auf die Muttergottes als Modell und Ausgangspunkt unseres Glaubens. Als der Engel ihr vorschlägt, die Mutter des Messias zu werden, äußert sie zunächst Gründe für ihre Verwunderung. Dann aber sagt sie ihm – in der geheimnisvollen Erwartung dessen, was noch auf sie zukommen mag – ihr vertrauensvolles „Ja": „Ich bin die Magd des Herrn, mir geschehe, wie du es gesagt hast" (Lk 1,38).

Es ist also wichtig, nicht bei den Einzelwahrheiten stehen zu bleiben, die in der Bibel dargestellt werden, sondern sich darüber hinaus bewusst zu bleiben, dass die Bibel selbst uns in Kontakt mit Gott bringt. Das meinten die alten Kirchenväter, als sie sagten, der „Glaube, durch den man glaubt" (fides qua creditur), das heißt die Glaubenshaltung, die bereit macht, den vorgelegten Wahrheiten zuzustimmen, gehe dem „Glauben der Glaubensinhalte" (fides quae creditur), das heißt dem Glauben an die Wahrheiten, die man bejahen soll, voraus.

Zu wissen, dass man von Gott tagtäglich dazu berufen ist, sich dadurch, dass man die Liebe lebt, selbst zu verwirklichen, ist nicht nur Aufgabe von Christen, sondern aller Menschen überhaupt. Hierin liegen ihre Größe und ihre Verantwortung.

3.2. Durch Christus, mit Christus und in Christus

„Im Anfang war das Wort" – so beginnt das Evangelium nach Johannes, das als letztes der Evangelien entstanden ist. Es enthält manches, worüber die anderen Evangelien schweigen oder worauf sie nur kurz anspielen.[52]

Wenn man nun mit „Wort Gottes" die Sprache Gottes bezeichnet, in der er uns lehren möchte, dass er die Liebe ist und dass sich die Menschen gegenseitig lieben sollen, dann kann man daraus schließen, dass Jesus Christus selbst Gipfel und Synthese aller Worte Gottes und das umfassende „Wort Gottes" ist. Im Hebräerbrief lesen wir: „Viele Male und auf vielerlei Weise hat Gott einst zu den Vätern gesprochen durch die Propheten; in dieser Endzeit aber hat er zu uns gesprochen durch den Sohn ...., durch den er auch die Welt erschaffen hat; er ist der Abglanz seiner Herrlichkeit und das Abbild seines Wesens; er trägt das All durch sein machtvolles Wort" (Hebr 1,1–3).

---

[52] Der mit „Wort" übersetzte griechische Ausdruck „logos" kann auch „Idee" bedeuten. Die Übersetzung des Wortes „logos" mit „Idee" entspricht besser dem im Ersten Testament vorkommenden Begriff „Weisheit" (z.B. Sprichwörter 8 oder Jesus Sirach 24). Weisheit meint hier eine ewige Wirklichkeit, die bereits beim Schöpfungswerk Gottes dabei ist. Gott sendet sie zu seinem Volk. Soll das eigene Leben vollkommen sein, muss man die Weisheit aufnehmen. Während der Begriff „Idee" etwas bezeichnet, das im Denken der Menschen eingeschlossen ist, verweist die Bezeichnung „Wort" auf etwas, das von Natur aus an jemand anderen gerichtet wird. Bedeutsam ist, dass von Anfang an in sämtlichen Übersetzungen des Johannesevangeliums ins Lateinische das Wort „logos" mit „verbum" – „Wort" – übersetzt wurde. So verwies man auf eine im Inneren der Göttlichkeit selbst vorhandene Beziehung („Das Wort war bei Gott und das Wort war Gott", Joh 1,1). Diese innere Beziehung tritt dann in den Raum zwischen den Geschöpfen ein („Und das Wort ist Fleisch geworden und hat unter uns gewohnt", Joh 1,14). Die Bibel der Italienischen Bischofskonferenz fügt hier eine Fußnote ein, in der sie darauf aufmerksam macht, dass „logos" auch „Plan" oder „Projekt" bedeuten kann – und dass man folglich fast behaupten kann: „Jesus Christus ist das Projekt der Welt und der Geschichte".

Deswegen sollte man Jesus kennenlernen – indem man sich mit den Evangelien und dem ganzen Neuen Testament vertraut macht und dann über die „Sakramente" den direkten Kontakt zu ihm suchen. Jesus selbst hat ja versichert, er werde in seinen Worten und Werken weiterhin bei den Menschen anwesend sein.[53]

Christus, der durch seine Diener und Dienerinnen[54] in allen Sakramenten wirkt, setzt sich selbst persönlich – auf geheimnisvolle Weise – in der Eucharistie gegenwärtig. Diese wird deswegen auch das „Allerheiligste Sakrament" genannt. „Durch ihn (Christus), mit ihm und in ihm ist dir, Gott, allmächtiger Vater, in der Einheit des Heiligen Geistes alle Herrlichkeit und Ehre jetzt und in Ewigkeit. Amen" – so lautet der Schluss des Hochgebets.

Die Formulierung „durch ihn" (Christus) erinnert an die durch Christus bewirkte Erlösung. Früher glaubten

---

53 Bei den sieben Sakramenten – Taufe, Firmung, Eucharistie, Buße, Krankensalbung, Priesterweihe, Ehe – ist die Taufe besonders wichtig. Der Täufling wird ins Wasser getaucht (oder kommt durch Übergießen mit Wasser in Kontakt). Dabei wird der Name der Heiligen Dreifaltigkeit ausgesprochen. Im Matthäusevangelium steht: „Darum geht zu allen Völkern und macht alle Menschen zu meinen Jüngern; tauft sie auf den Namen des Vaters und des Sohnes und des Heiligen Geistes ... Seid gewiss: Ich bin bei euch alle Tage bis zum Ende der Welt" (Mt 28,19–20). So werden wir mit dem gestorbenen und wieder auferstandenen Christus verbunden: „Wir wurden mit ihm begraben durch die Taufe auf den Tod; und wie Christus durch die Herrlichkeit des Vaters von den Toten auferweckt wurde, so sollen auch wir als neue Menschen leben. Wenn wir nämlich ihm gleich geworden sind in seinem Tod, dann werden wir mit ihm auch in seiner Auferstehung vereinigt sein ... Sind wir nun mit Christus gestorben, so glauben wir, dass wir auch mit ihm leben werden" (Röm 6,4–8).
54 Das sind nicht nur Angehörige des Klerus; zum Beispiel kann auch ein Laie die Taufe spenden; das Ehesakrament spenden sich die Brautleute gegenseitig.

Christen, Gott habe Adam und Eva im Zustand der Gnade geschaffen. Doch hätten sie dann die Ursünde begangen. Diese sei als Erbsünde von Generation zu Generation allen Menschen, die geboren wurden, weitervererbt worden. Christus aber habe durch seinen Tod und seine Auferstehung den ursprünglichen Gnadenzustand wiederhergestellt. In diesen könne man durch die Taufe mit Wasser, im Ausnahmefall auch durch die Bluttaufe im Martyrium oder auch durch den sehnsüchtigen Wunsch nach der Taufe wieder hineingelangen.[55]

Daneben gibt es die Theologie des Johannesevangeliums. Sie lehrt, dass in Wirklichkeit in dem von Ewigkeit her, außerhalb von Raum und Zeit gegebenen Plan Gottes nicht Adam, sondern Jesus Christus der erste Mensch ist. Der Evangelist Johannes schreibt: „Das Wort war Gott ... Alles ist durch das Wort geworden und ohne das Wort wurde nichts, was geworden ist" (Joh 1,3). Der Apostel Paulus wiederum schreibt: „Herr ist Jesus Christus" und im Kolosserbrief lesen wir: „Er ist das Ebenbild des unsichtbaren Gottes, der Erstgeborene der ganzen Schöpfung. Denn in ihm wurde alles erschaffen im Himmel und auf Erden, das Sichtbare und das Unsichtbare, Throne und Herrschaften, Mächte und Gewalten, alles ist durch ihn und auf ihn hin geschaffen. Er ist vor aller Schöpfung, in ihm hat alles Bestand ... Er ist der Ursprung, der Erstgeborene der Toten; so hat er in allem den Vorrang. Denn Gott wollte mit seiner ganzen Fülle in ihm wohnen" (Kol 1,15–19). Daraus kann man schließen, dass Jesus

---

[55] Dies ist die Sichtweise des Römerbriefs. Er spricht von der Sünde, der Pädagogik des Gesetzes, der Erlösung durch Jesus. Paulus nennt Jesus auch den zweiten oder „letzten" Adam (vgl. 1 Kor 15,44).

Christus nach dem Plan Gottes der wahre Adam, der vollkommene Mensch ist.

Von Anfang an, die Bibel spricht von „Adam", sind die Menschen verschlossen und sündigen. Denn sie öffnen sich weder für Gott in der Höhe noch gegenüber anderen und bringen so Unordnung in die Schöpfung hinein, in die Welt der Menschen und folglich in die gesamte geschaffene Welt. Gott aber wollte „mit seiner ganzen Fülle in ihm (Christus) wohnen, um durch ihn alles zu versöhnen. Alles im Himmel und auf Erden wollte er zu Christus führen, der Frieden gestiftet hat am Kreuz durch sein Blut" (Kol 1,19–20). Wenn also Jesus der erste Mensch ist und alles von ihm und auf ihn hin erschaffen wurde, so spiegeln Welt und Menschheit selbst auch das so genannte übernatürliche Leben oder das Leben der Gnade wider. Sie sind also nicht nur Sünder und verschlossen, sondern auch offen. Genau durch diese Sichtweise ergänzt das Zweite Vatikanische Konzil die bisherige Theologie der Sünde.[56]

---

56 Nun stellt sich die Frage, wie die Ursünde (die Sünde Adams) auf alle Menschen übergehen konnte. Die Tradition (die durch das Konzil von Trient bekräftigt wurde) sprach unter Berufung auf den Römerbrief von einer Weitergabe der Sünde durch Zeugung und Geburt; geht man von dieser Meinung aus, so muss man annehmen, dass die große Mehrheit der Menschen in Vergangenheit und Gegenwart vom Paradies ausgeschlossen war und ist. Denn diese Mehrheit war und ist nicht durch die Taufe (außer durch die Taufe aufgrund des Verlangens nach der heiligen Mutter Kirche) von der Erbsünde losgekauft. Wenn aber die ungetauft verstorbenen Kinder in den Himmel kommen können (diese Position vertritt auch Papst Benedikt XVI.) – warum können dann nicht auch alle anderen, die ohne ihre Schuld nicht getauft wurden, ins Paradies gelangen? Ist es nicht vielmehr so, dass man mit übernatürlicher Gnade begabt geboren wird und man diese Gnade erst dann verliert (natürlich wird), wenn man sich ab dem Alter, ab dem man persönliche Entscheidungen treffen kann, gegenüber Gott verschließt, wie immer man ihn

Die Formulierung „durch Christus" erinnert also an die Tatsache, dass „alles ... durch ihn und auf ihn hin erschaffen" ist (Kol 1,16) und „durch ihn alles" versöhnt ist (Kol 1,20). Die Formulierung „in Christus" weist auf die Taufe hin. Sie fügt uns in Christus ein, der gestorben und auferstanden ist, und sie lässt uns in der Gnade mit ihm, der uns den Heiligen Geist schenkt, vereint leben. Die Worte „mit ihm" lassen uns besonders an die Eucharistie denken, die uns ein Leben lang begleitet. Auch hier hat das Konzil eine kleine theologische „Revolution" gebracht.

Früher hielt man die Messe für eine äußerst wichtige und auch besonders geheimnisumwobene Handlung, in der sich Jesus in Brot und Wein in einer Weise gegenwärtig setzte, dass Menschen ihn dann in der in ihn verwan-

---

kennengelernt hat, sowie gegenüber den anderen und eben dadurch nicht mehr offen ist für die Gnade und sich so für die Sünde entscheidet? Führt die seit 1854 gelehrte Theologie, es sei ein Privileg der Muttergottes, ohne Erbsünde empfangen worden zu sein, zwingend zu dem Schluss, alle andere seien mit dem Makel der Erbsünde geboren worden? Sie seien folglich in der Sünde empfangen? Sie lebten in einer Atmosphäre der aus der Sünde stammenden Verschlossenheit, ohne dass diese jedoch eine Situation herstellt, die der persönlichen Sünde entspricht, die den Zugang zum Himmel verwehrt? Nein! Die durch Christus erwirkte Erlösung, die die unbefleckte Empfängnis seiner Mutter ermöglichte, wird auch die anderen (nicht getauften) Menschen retten, die natürlich stets Gefahr laufen, zu sündigen. Dieses Problem sollten moderne Theologen lösen. In diesem Licht sollten sie den Römerbrief des heiligen Paulus kommentieren. Interpretieren müssen sie auch das Konzil von Trient, das von einer Ursünde spricht, die durch Empfängnis und Geburt weitergegeben wird. Man könnte einen virtuellen „Makel" annehmen, so etwas wie eine durch die Ursünde hervorgerufene negative Vorbedingung, die durch alle folgenden Sünden verstärkt wird, die jedoch nicht automatisch zu einer persönlichen Sünde wird mit allen – auch ewigen – Konsequenzen, solange sich jemand nicht in der persönlichen Sünde verschließt.

delten Hostie anbeten konnten. Die erste revolutionäre Neuerung in der kirchlichen Theologie brachte das Zweite Vatikanische Konzil in seiner Lehre, die Messe sei das Gebet des Gottesvolkes. Deswegen solle dieses die Sprache der Messe verstehen, ebenso deren verschiedene Teile.[57]

Das Konzil ließ die Menschen die innere Verbindung zwischen irdischer und himmlischer Liturgie spüren und erinnerte sie durch diese „Revolution" an die lebendige Gegenwart Christi in der Messfeier. Christus ist hier mit seiner Menschlichkeit in der Weise anwesend, wie er mit ihr in die Ewigkeit eingegangen ist. Er betet zum Vater („Vater, in deine Hände lege ich meinen Geist"; Lk 23,46) in einer Haltung der so umfassenden Hingabe an die Menschheit, dass er sogar für seine Mörder um Vergebung bittet („Vater, vergib ihnen, denn sie wissen nicht, was sie tun"; Lk 23,34). In diesem Augenblick von Tod und neuem Leben beginnt Jesus, seinen Geist zu schenken.[58]

Die Messe zeigt uns Christus in einer Haltung ewigen Gebets (seine Menschlichkeit wendet sich an Gott und nimmt dabei das gesamte Menschengeschlecht, Freunde, Feinde, Nahe- und Fernstehende mit hinein), damit wir

---

57 Das war für die Gläubigen völlig neu. Ich erinnere mich noch genau, welch großes Erstaunen Kardinal Lercaro von Bologna erregte, als er forderte, in der Messe sollte nach den auf Lateinisch vorgetragenen Bibelstellen auch deren italienische Übersetzung vorgelesen werden.
58 Die alten Kirchenväter legten die Tatsache, dass aus Jesu Seite nach dem Lanzenstich Blut und Wasser herausflossen (vgl. Joh 19,34), folgendermaßen aus: Für sie ist das Blut ein Symbol für das Opfer und das Wasser ein Symbol für den Heiligen Geist. Diesen Augenblick verstehen sie als die Geburt der Kirche, denn wie aus der Rippe des schlafenden Adam Eva, seine Braut, entsteht, so entsteht aus der Seite des am Kreuz „schlafenden" Jesus seine Braut, die Kirche – durch das Wasser der Taufe und das Blut der Eucharistiefeier.

nicht nur die Messe hören,[59] sondern aktiv „teilnehmen", sie zu unserem eigenen Anliegen machen, damit das Gebet Christi auch unser Gebet ist und in uns zum Gebet der Kirche wird. Indem wir uns durch die Kraft des Heiligen Geistes mit Christus innerlich verbinden, wird unser Handeln göttlich – und wir können mit dem heiligen Paulus sagen: „Nicht mehr ich lebe, sondern Christus lebt in mir. Soweit ich aber jetzt noch in dieser Welt lebe, lebe ich im Glauben an den Sohn Gottes, der mich geliebt und sich für mich hingegeben hat" (Gal 2, 20). Das erniedrigt uns nicht, sondern erhöht uns und lässt uns vertrauensvoll in die Zukunft blicken. Denn „wenn ihr euch aber vom Geist führen lasst", den Christus unaufhörlich über uns ausgießt, dann wird die Frucht des Geistes „Liebe, Freude, Friede, Langmut, Freundlichkeit, Güte, Treue, Sanftmut und Selbstbeherrschung" (Gal 5,18.22) sein.[60]

Der Geist Gottes verbindet unser Gebet und unser Leben mit Gebet und Leben Jesu, der sich von Ewigkeit her der Liebe des Vaters hingibt, indem er sich vollkommen der gesamten Menschheit und jedem einzelnen Menschen schenkt. Und so rufen wir, die wir „den Geist emp-

---

59 So sagte man früher, als ginge es bei der Messe um ein Konzert oder ein heiliges Schauspiel. Leider gibt es immer noch Tendenzen, die Messe wie ein Schauspiel aufzuziehen oder ihr wie ein Zuschauer beizuwohnen.

60 Das Wirken des Geistes verwandelt unser Leben („Wenn der Geist dessen in euch wohnt, der Christus Jesus von den Toten auferweckt hat, dann wird der, der Christus Jesus von den Toten auferweckt hat, auch euren sterblichen Leib lebendig machen durch seinen Geist, der in euch wohnt"; Röm 8,11). Er macht unser Leben göttlich („Weil ihr aber Söhne seid, sandte Gott den Geist seines Sohnes in unser Herz, den Geist, der ruft: Abba, Vater"; Gal 4,5) – auch in völlig normalen Alltagshandlungen (so wie das Leben Jesu ja auch in den dreißig Jahren war, in denen er in Nazareth gelebt hat).

fangen" haben, der uns „zu Söhnen macht", „Abba, Vater!" (Röm 8,15) und öffnen uns der Liebe („Denn die Liebe Gottes ist ausgegossen in unsere Herzen durch den Heiligen Geist, der uns gegeben ist"; Röm 5,5). Das macht jeden einzelnen Augenblick unseres Lebens und unser Leben selbst ungeheuer wertvoll – wenn wir es ernsthaft und richtig leben, wenn wir offen sind für die anderen und für die Geschichte, für die wir uns, jeder und jede gemäß der eigenen Berufung, mitverantwortlich fühlen.

Auch an diesem Punkt sollten wir an Maria, die Mutter Jesu (Lk 2,7), denken. Sie war erfüllt vom Heiligen Geist (vgl. Lk 1,35) und ist unsere Mutter (Joh 19,27). In den Himmel aufgenommen – das heißt hineingenommen ins Geheimnis Gottes –, wird sie in uns durch das Wirken des Heiligen Geistes die Geburt und das Heranwachsen Jesu fördern, damit wir in Fülle das christliche Leben leben. Maria selbst hat dieses Leben geführt – im Verborgenen in Nazareth, in den Schwierigkeiten ihres Alltags und schließlich im großen in Jerusalem erlittenen Schmerz.

3.3. Im Volk Gottes!

In seinem Wort begegnen wir Gott auf gleicher Augenhöhe – je mehr wir mit diesem Wort vertraut sind, umso tiefer kann die Beziehung zu ihm sein. Durch die Liturgie lebt Christus kraft des Heiligen Geistes in uns. Der Geist Gottes ist Geist der Beziehung. Er wirkt bereits im Inneren des Geheimnisses der Dreifaltigkeit als öffnende Kraft.[61] Folglich bedeutet in Christus zu sein, mit anderen

---

61 Mir gefällt das Bild, das Bischof Tonino Bello für die Dreifaltigkeit verwendet. Er sagte, die drei Personen der Trinität sollten nicht mit

zu teilen. Umso mehr, als sich das Wort Gottes an die Gemeinschaft richtet, diese Gemeinschaft das Wort Gottes auslegt und es uns unverfälscht weitergibt. Christus setzt sich durch das Werk der Gemeinschaft sakramental gegenwärtig und sendet seinen Geist aus.

So führen unsere bisherigen Überlegungen direkt zu der Frage nach der Kirche. Was das Zweite Vatikanische Konzil über die Kirche lehrt, beruht auf „kopernikanischen Wenden"[62] im kirchlichen Denken. Zwar lässt dieser Ausdruck an eine Art Umwälzung denken, die nicht annehmbar ist. Doch hat Kopernikus bewiesen, dass das, was als unbeweglich erschien (die Erde), dem unterworfen war, was beweglich erschien (der Sonne), so dass in zweierlei Hinsicht der Bezugspunkt umgekehrt wurde.

Die auf dem Konzil stattgefundenen „kopernikanischen Wenden" werden oft zurückgewiesen, weil man sie für totale Veränderungen hält, die es in der Kirche nicht geben dürfe. Möglich sei allenfalls eine „gewisse Diskontinuität".

Die wichtigste Revolution der Konzilskonstitutionen besteht darin, dass sich die Kirche der Menschheit gegenüber nicht mehr als „Herrin" versteht und nicht mehr behauptet, wer kein Mitglied der Kirche sei, könne nicht gerettet werden („außerhalb der Kirche kein Heil" – „extra ecclesiam nulla salus"). Die Kirche ordnet sich vielmehr der Menschheit unter. Denn sie versteht sich als Sauerteig

---

der Addition 1+1+1 = 3 verglichen werden, sondern mit der Multiplikation: 1×1×1, bei der immer 1 herauskomme; die wahre Einheit entstünde nämlich immer dann, wenn eins für das andere da ist.

62 „Kopernikanische Wende" heißt auf Italienisch „*Rivoluzione copernicana*" *(Anm. der Übersetzerin).*

eines Heils, das Gott in Jesus Christus allen anbietet.⁶³ Mit der Konstitution *Gaudium et spes* richtet sich das Konzil an alle Menschen guten Willens. Denn es glaubt, dass das Heil, das heißt das „Reich Gottes" (die Menschheit, die Gott anerkennt und sich von seiner Liebe prägen lässt), für alle bestimmt ist. Die Grundidee, dass die Kirche einen Dienst an der Welt leistet, bestimmt dann auch den Aufbau der „Dogmatischen Konstitution über die Kirche" (das zeigen bereits die ersten lateinischen Worte *Lumen Gentium* an). Von ihren ersten Worten an zeigt diese Konstitution die Kirche nicht als Ort eines exklusiven Heiles, sondern als „Sakrament, das heißt Zeichen und Werkzeug für die innigste Vereinigung mit Gott wie für die Einheit der ganzen Menschheit" (LG 1): nicht die Menschheit für die Kirche, sondern die Kirche für das gesamte Menschengeschlecht. Schließlich „werden, wie bei den heiligen Vätern zu lesen ist, alle Gerechten von Adam an, ,von dem gerechten Abel bis zum letzten Erwählten', in der allumfassenden Kirche beim Vater versammelt werden" (LG 2).

---

63 Dies ist die Bedeutung des Satzes: „Wer glaubt, wird in Christus gerettet". – *Bettazzi beruft sich hier auf den griechischen Urtext der Stelle Joh 3,16, der im Italienischen mit „Chi crede in Cristo sarà salvo" wiedergegeben wird und der je nachdem, wo man das Komma setzt, im Deutschen übersetzt werden muss mit: „Wer an Christus glaubt, wird gerettet" bzw. „Wer glaubt, wird in Christus gerettet". Die Doppeldeutigkeit des Griechischen „eis" und des Italienischen „in" kann im Deutschen nicht wiedergegeben werden (Anm. der Übersetzerin).* Das Versetzen des Kommas, das der griechische Text nahelegt, verbindet das Heil mit Jesus Christus und vergrößert so den Kreis der Adressaten und Adressatinnen des in Christus gegebenen Heils auf alle, die „glauben", das heißt auf alle, die für Gott offen sind, unter welchem Namen auch immer sie ihm begegnet sind, und auch offen sind für ihre Geschwister.

Die Kirche ist also Sakrament, Ferment, Sauerteig des Reiches Gottes. Weil das Reich Gottes die Offenbarung Gottes in der Schöpfung ist und weil Gott die Liebe ist, wird das Reich Gottes unter den Menschen, die sich gegenseitig lieben, entstehen („und Friede auf Erden den Menschen, die er liebt"). Wenn der Sauerteig die Liebe wachsen lässt, muss das Reich Gottes Fülle der Liebe sein und die Liebe bezeugen; deswegen soll die Gesamtheit der Glaubenden ein Volk bilden, „das Volk Gottes", dessen Glieder einträchtig in „Gemeinschaft" leben sollen. Dieses wichtige Ziel soll die kirchliche Organisation verwirklichen und inmitten der Menschheit selbst Menschen dazu anregen, diese Liebe zu leben.

Hier zeigt sich im Selbstverständnis der Kirche eine zweite „kopernikanische Wende". Eine Reihe von Entwicklungen hatte im Verlauf der Kirchengeschichte dazu geführt, dass man Kirche und Hierarchie in eins setzte.[64] Der erste Entwurf für die Kirchenkonstitution behandelte im ersten Punkt die Kirche im Allgemeinen, sprach dann über die Hierarchie und erwähnte am Ende die Lai-

---

[64] Am Anfang von theologischen Traktaten meiner Studienzeit stand häufig die Darstellung der Kirche als sichtbare Gesellschaft (das machte man, um sich von den Protestanten abzugrenzen, die die inneren Werte der Kirche hervorheben). Dann sprach man von der Kirche als „societas perfecta" (damit wandte man sich gegen die Vertreter der Aufklärung, die die Form des „freien Staates" als der kirchlichen Organisation überlegen ansahen); weil der „societas perfecta" drei autonome Gewalten zustehen – die Legislative, die Exekutive und die Judikative –, wurden diese auch der Kirche, das heißt in der Praxis der Hierarchie und in letzter Instanz dem Papst, zugestanden). Auch heute noch meint man mit Sätzen wie „die Kirche hat gesagt" oder „die Position der Kirche ist fragwürdig", der Papst oder hochrangige Mitglieder der Hierarchie hätten allgemein oder auf lokaler Ebene eine bestimmte Meinung vertreten.

en. Die Mehrheit der Bischöfe wollte jedoch eine Änderung der Gliederung: Nach einem ersten Kapitel über das Geheimnis der Kirche sollte das „Volk Gottes" behandelt werden und erst danach die „hierarchische Verfasstheit der Kirche" und insbesondere der Episkopat.[65] Das Konzil hat einen Perspektivenwechsel vollzogen: Die Laien sind nicht mehr der Hierarchie untergeordnet, sondern die Hierarchie steht – auch wenn sie weiterhin alle Merkmale trägt, die sie aufgrund der Sendung durch Christus besitzt – im Dienst des Volkes Gottes.

Ist aber Christus aufgrund seiner durch seine Göttlichkeit angenommenen Menschlichkeit wesenhaft der ewige Hohepriester, so ist auch jeder Christ/jede Christin in ihm Priester/Priesterin, sofern er/sie durch die ihm/ihr innewohnende Gnade die Wirklichkeit heiligt, in der er/sie lebt und arbeitet. Früher sagte man und sagt es auch heute, ein spezifisches Merkmal des Presbyter-, d. h. des „Priesteramtes" sei es, „ein anderer Christus" zu sein. Ist also der Priester gewissermaßen „ein (anderer) Christus", dann müssen wir, wenn wir sagen, jeder Getaufte sei Priester, auch sagen: „der Christ/die Christin ist ein anderer Christus". Jeder Laie ist somit „ein Christus". Jeder Christ/jede Christin ist in der Tat „durch Christus, mit Christus und in Christus" Priester/Priesterin, insofern er/sie heiligend wirkt – das heißt die Welt, in der er/sie lebt, mit Gnade durchdringt. Zugleich ist er/sie wie Christus

---

[65] Wenn auf dem Konzil ein Bischof von der Kirche als „Gemeinschaft" oder „Communio" sprach, so forderte sofort ein anderer, man solle das Wort „Gemeinschaft" durch „hierarchisch aufgebaut" ergänzen. Doch geht das Konzil auch über diese provokant erscheinende Bezeichnung für Kirche hinaus; siehe dazu weiter unten.

auch „Prophet/Prophetin", insofern er/sie durch sein/ihr Leben den Willen Gottes bezeugt, d.h. zeigt, wie Gott will, dass das menschliche Leben auch in seinen gewöhnlichsten Momenten gelebt werden soll (so, wie es auch Jesus zu jedem Zeitpunkt seines Erdenlebens tat – von Anfang an, gerade auch seiner Zeit in Nazareth). Und er/sie ist König/Königin und Hirte/Hirtin, das heißt, er/sie bringt Einheit und Solidarität.[66]

Die heilig machende Gnade soll natürlich ihre Bedeutung beibehalten, wenn sie weitergegeben wird, und das uns Richtung weisende Wort soll unverfälscht übermittelt werden. Es gilt, verlässlich dafür zu sorgen, dass es eine Gemeinschaft gibt. Deswegen wollte der Herr auch, dass die Gemeinschaft seiner Jünger durch Menschen sicher zusammengehalten würde, die ihn auf besondere Weise repräsentieren (und unter dieser speziellen Bedeutung des Wortes auch ein „anderer Christus" sind). Diese Menschen sollten mit ihm durch ein sichtbares Zeichen („Sakrament") verbunden sein, das sie innerlich kennzeichnet („Sigel") und sie in den Dienst („Amt") des Volkes Gottes, aller Glaubenden, stellt. Deswegen haben die durch das Sakrament der Weihe „Besiegelten" eine bestimmte Verantwortung und auch Machtbefugnisse in der Kirche.[67] Doch begründet dies nicht eine Überlegenheit über andere. Es bezeichnet vielmehr eine Art Dienst.

Jesus lehrte immer wieder, dass es einen deutlichen Unterschied zwischen der Machtausübung im weltlichen und der im kirchlichen Bereich geben soll: „Ihr wisst, dass die

---

66 Im Altertum war es Aufgabe des Königs, verschiedene Völker zu vereinen.
67 Das griechische „hieres archä" bedeutet „heilige Macht". Von dieser Wortverbindung leitet sich der Begriff „Hierarchie" ab.

Herrscher ihre Völker unterdrücken und die Mächtigen ihre Macht über die Menschen missbrauchen. Bei euch soll es nicht so sein, sondern wer bei euch groß sein will, der soll euer Diener sein, und wer bei euch der Erste sein will, soll euer Sklave sein. Denn auch der Menschensohn ist nicht gekommen, um sich dienen zu lassen, sondern um zu dienen und sein Leben hinzugeben als Lösegeld für viele" (Mt 20,25–28). Dies brachte auch in den hebräischen Urgemeinden Gefahren mit sich. Der Evangelist Johannes verfasste sein Evangelium zu einer Zeit, in der bereits die ersten Erfahrungen der urkirchlichen Gemeinschaften vorlagen. So wusste er, dass Menschen in Leitungsfunktionen danach streben, sich hervorzutun. Deswegen fasst Johannes das letzte Abendmahl in nur einem Satz zusammen: „Es fand ein Mahl statt" (Joh 13,2), und beschreibt dann sehr ausführlich eine Handlung Jesu. Die große Bedeutung dieser Handlung unterstreicht er durch folgende feierliche Einleitung: „Da er die Seinen, die in der Welt waren, liebte, erwies er ihnen seine Liebe bis zur Vollendung ... Jesus, der wusste, dass ihm der Vater alles in die Hand gegeben hatte und dass er von Gott gekommen war und zu Gott zurückkehrte, stand vom Mahl auf, legte sein Gewand ab und umgürtete sich mit einem Leinentuch. Dann goss er Wasser in eine Schüssel und begann, den Jüngern die Füße zu waschen und mit dem Leinentuch abzutrocknen" (Joh 13,1.3–5). Als sich Petrus nicht die Füße waschen lassen will, sagt Jesus zu ihm: „Wenn ich dich nicht wasche, hast du keinen Anteil an mir" (Joh 13,8). Danach erklärt er: „Begreift ihr, was ich an euch getan habe? Ihr sagt zu mir Meister und Herr, und ihr nennt mich mit Recht so; denn ich bin es. Wenn nun ich, der Herr und Meister, euch die Füße gewaschen habe, dann müsst auch ihr einander die Füße waschen. Ich habe euch ein Beispiel gegeben, damit auch ihr so handelt, wie auch ich an euch gehandelt habe" (Joh 13,12–15).

So zeigt der Evangelist Johannes, dass die Eucharistie dort ihren vollen Wert entfaltet, wo sie im Geist des Dienens gefeiert wird, der Jesus sein Leben lang beseelte. So wie Jesus in der Feier der Eucharistie gegenwärtig gesetzt wird („Tut dies zu meinem Gedächtnis", Lk 22,19), ist er auch dort anwesend, wo Menschen anderen einen Dienst erweisen („damit auch ihr so handelt, wie ich an euch gehandelt habe", Joh 13,15). Jesus spricht hier auf eine so feierliche und bestimmte Weise, dass seine Worte sicher nicht nur der dienenden Haltung der Nachfolger der Apostel (sicher sind diese eingeschlossen) gelten, sondern allgemein aufzeigen, wie sich die Glieder der Kirche zueinander und wie sich die Kirche ihrerseits gegenüber der gesamten Menschheit verhalten sollen.[68]

Hier denke ich besonders an die Beziehung zwischen der Hierarchie und der Gesamtheit der Gläubigen im Volk Gottes. Es ist kein Zufall, dass diese Beziehung Dienst, d. h. „Ministerium", heißt. Das „Minus" – auf Deutsch „weniger" – steht hier dem „magis" – auf Deutsch „mehr" – des „Magisteriums", des Lehramtes, gegenüber.

Die wichtigen Funktionen der Hierarchie – das „Ministerium" und das „Magisterium", das Dienstamt und

---

[68] In seinem Kommentar zu diesem Abschnitt des Evangeliums sagt Bischof Tonino Bello, das als Schürze benutzte Leinentuch sei das einzige liturgische Kleidungsstück der ersten Eucharistiefeier. Er spricht auch von der „chiesa del grembiule", von der „Kirche mit der Schürze" – von einer Kirche, die nur dann ihre wahre Identität besitzt, wenn ihre Mitglieder einander und der gesamten Menschheit und hier wiederum den Ärmsten, denen, die am meisten leiden und marginalisiert werden, dienen.

das Lehramt – müssen an den Zielen gemessen werden, zu deren Erreichen sie beitragen sollen. Das Lehramt erfüllt nicht dann am besten seine Aufgabe, wenn es sich besonders tiefschürfend und mit feinsinnigen Worten äußert, sondern wenn es ihm gelingt, die Überzeugung und somit auch die Glaubwürdigkeit der Gläubigen zu stärken. Und das priesterliche Dienstamt wirkt nicht umso besser, je aufwändiger und prunkvoller die Liturgie ist, sondern je besser es Priestern gelingt, die Spiritualität und Weltverantwortung der Laien zu vertiefen und zu stärken und beidem Nahrung zu geben. Das Ministerium, das heißt der Dienst an der Einheit, wirkt nicht dann am effizientesten, wenn es die Gläubigen so zusammenschweißt, dass diese eine Verteidigungsmauer gegen äußere Feinde errichten,[69] sondern wenn es sich selbst kraft der Gnade des Heiligen Geistes versteht als „das um einen Tisch versammelt sein der Unterschiedlichen"[70], die so zu Prophetinnen und Propheten werden, die Frieden stiften – einen Frieden, der gerade das „Zusammenleben der Unterschiedlichen" in der Welt bedeutet. Weil die gesamte Kirche „Sauerteig" des Reiches Gottes sein soll, ist genau dies auch die Berufung jedes Christen und jeder Christin. Alle sollen dazu die Gnade nutzen, die aus der Gemeinschaft mit Christus entspringt.

Diese „kopernikanische Wende", das Umdenken, das dazu führt, Kirche als „Volk Gottes" und als „Leib Chris-

---

69 Früher hieß es im Text einer Hymne an den Papst: „Auf dein Zeichen hin, auf einen Laut deiner Stimme hin steht ein Heer um den Altar"!
70 Auch dieses Bild habe ich von Bischof Tonino Bello übernommen. Er definiert Frieden als „um einen Tisch versammelt sein der Unterschiedlichen".

ti" zu verstehen und das Amt der Hierarchie als Dienst an den Gläubigen, wird deswegen so langsam umgesetzt, weil es für uns Kleriker bisher einfacher war, unseren Stand mit der Kirche gleichzusetzen – sind wir doch zu diesem Dienst speziell ausgebildet und üben ihn rund um die Uhr aus. Immer noch predigen Kleriker den Gläubigen, es sei deren Pflicht zu gehorchen, und behaupten sogar, dass gewisse menschliche Grenzen unserer Amtsführung das Wirken des Heiligen Geistes nicht behindern.

In der Vielfalt der Kulturen, Einstellungen und Begabungen muss die Hierarchie heute den Dialog suchen. Sie sollte sich dabei durch die verschiedenen Mentalitäten und die Kompetenzen der Gläubigen prägen lassen. Zugleich müssen die Gläubigen ihrerseits Verantwortung übernehmen. Sie sollen nicht nur in ihren Familien, an ihren Arbeitsplätzen, in der Gesellschaft und Politik als Glaubensboten und Zeugen und Zeuginnen des Evangeliums wirken, sondern auch – durch Christus, mit Christus und in Christus – Verantwortung übernehmen für das Leben und den Weg der Kirche und hier Glauben, Hoffnung und Liebe verkünden.

Vielleicht können wir Kleriker, die doch allzu sehr gewöhnt sind, ausschließlich uns selbst für die Kirche zu halten, nur mit Mühe zulassen, dass die Gläubigen diese große Aufgabe erfüllen sollen. Sehen wir doch in den Gläubigen nur die Nutznießer der Kirche. Ein Kirchenverständnis, das vom Volk Gottes und nicht mehr von der Hierarchie ausgeht, muss notwendigerweise zu neuen Verhaltensweisen des Klerus führen. Diese sind ganz anders als der Führungsstil in einer absoluten Monarchie, in der alles durch die Willkürherrschaft des Oberhauptes über seine Untergebenen bestimmt wird. Bei der Hierarchie heute kann man dann vom Charisma des „letzten Wortes" sprechen, wenn dieses nach vielen zuvor gesagten Worten das mit Autorität verkündete Schlusswort ist. Es darf keinesfalls das „einzige Wort" sein, das gesagt wird, denn sonst hätte die Hierarchie ja nicht das „letzte Wort".

Doch auch die Gläubigen als Einzelne, als Gruppen und Bewegungen müssen sich diese Aufgabe zu eigen machen. Dabei sollen sie sich natürlich von den Verantwortungsträgern der „Hierarchie" leiten lassen, die nach zuvor gesagten „anderen Worten" das „letzte Wort" hat.

Hier möchte ich noch kurz auf die Muttergottes zu sprechen kommen. Auf dem Konzil gab es Bischöfe, die ihr ein eigenes Dokument widmen wollten. In dieses sollten einige besondere Eigenschaften Mariens aufgenommen werden. Man wollte sie nicht nur als Mutter der Kirche, sondern auch als Mittlerin aller Gnaden darstellen. Doch die Konzilsväter gaben zu bedenken, dass das Konzil nicht dogmatisch sein wollte (d.h. neue Wahrheiten festlegen), sondern pastoral (d.h. den Gläubigen helfen, die bereits bestehenden Wahrheiten zu leben). So entschieden sie, wenn auch mit knapper Mehrheit, die genannten Inhalte in das Schlusskapitel der Konstitution über die Kirche aufzunehmen.[71]

Maria, die durch das Wirken des Heiligen Geistes (vgl. Lk 1,35) zur Mutter Gottes wurde, begünstigt im Kreis der Jünger das Herabsteigen des Heiligen Geistes, der die Kirche beseelt (vgl. Apg 1,14; 2,4). Sie wirkt durch ihre Mütterlichkeit in der Kirche fort und ermutigt sie, in dem

---

71 Die Anregung dazu kam von dem protestantischen Theologen Max Thurian aus Taizé (der sich später zum katholischen Priester weihen ließ). Dieser hatte ein Buch geschrieben mit dem Titel „Maria, Urbild der Kirche".

Geist den Menschen zu dienen, der auch ihre eigene Art der Nächstenliebe beseelte.[72] Maria fordert besonders dazu auf, den Geist der Gemeinschaft zu leben, durch den vor allem die Urkirche Zeugnis für die Botschaft Jesu abgelegt hat (vgl. Apg 4,32–37).

---

72 Das zeigen z.B. die Erzählung von Marias Besuch bei ihrer Tante Elisabeth (vgl. Lk 1,39) oder die von der Hochzeit zu Kana (vgl. Joh 2,1–10).

III.
Das Volk Gottes für und durch das Konzil

1. Das Konzil, eine Aufgabe für das Volk Gottes

Wer sich mit den Konzilstexten beschäftigt, macht eine interessante Entdeckung: Diese Texte helfen dem Volk Gottes und damit allen Gläubigen den Glauben zu vertiefen. Denn sie zeigen an ihm seit jeher bestehende, aber bisher wenig beachtete Inhalte auf, die sehr gut zur Mentalität der Menschen von heute passen. Diese neu beleuchteten Aspekte des Glaubens helfen sensibler zu werden für die eigene Menschlichkeit. Denn sie fordern dazu auf, offen zu werden für andere, auch wenn dies mühsam erscheint. Diese Offenheit ist konstitutiv für die Selbstfindung. Seltsam, wenn nicht sogar provokativ mag meine These erscheinen: Das Volk Gottes kann zum Motor eines tieferen Verständnisses des Zweiten Vatikanischen Konzils werden und so bewirken, dass seine Leuchtkraft die Menschen besser erreicht als bisher.

Die Psychologie lehrt, dass Menschen große Mühe haben, über lange Zeit hin verfestigte Sichtweisen und Handlungsmuster zu verändern. Das gilt auch für die Umsetzung des Konzils. Nur zu menschlich ist, dass Theologen, die ihr ganzes Leben lang geforscht und gelehrt haben, sich schwertun, ihre eigenen Denkmuster zu erneuern[73], oder dass Menschen, die einen gewissen Füh-

---

73 Das war bereits zu Zeiten des heiligen Thomas von Aquin so. Mit seiner Bibelauslegung auf der Basis der Denkstrukturen der aristotelischen Philosophie löste er heftige Reaktionen bei Theologen aus, die seit jeher einen platonischen Ansatz vertreten hatten. Der Bischof von Paris verurteilte sogar einige Jahre nach dem Tod des

rungsstil erlernt oder ausgeübt haben, kaum in der Lage sind, diesen zu ändern – ja wenn nötig sogar das Gegenteil von dem zu tun, was sie bisher getan haben.

Wenn ich an verschiedene Situationen während der kurzen Zeit meiner Arbeit als Pfarrer und an meinen Bischofsdienst denke, so muss ich zugeben, dass das frühere System („Das ist der Glaube, so sieht die christliche Praxis aus; wenn dir das nicht passt, kannst du ja gehen!") die Arbeit einfacher machte und auch oft schneller vonstatten gehen ließ, als wenn man erst lange Überzeugungsarbeit leisten und in den Dialog treten musste. Gerade der Dialog führt zu Schwierigkeiten und stößt bei älteren wie auch bei jüngeren Mitgliedern des Klerus auf Widerstand.

Bewusst hat das Konzil keine dogmatischen Lehrmeinungen einander gegenübergestellt – so dass man dann

---

Thomas von Aquin dessen Lehre. Vielleicht ist es kein Zufall, dass sich genau die drei italienischen Kardinäle am stärksten den Neuerungen des Konzils widersetzten, die, bevor sie zu Kardinälen ernannt wurden, Theologieprofessoren gewesen waren: Ruffini in Palermo, Kardinal Siri in Genua und Ottaviani in Rom (später merkten sie, dass die pastoralen Reformen der dogmatischen Kontinuität nicht widersprachen, und stimmten deswegen auch den Vorlagen der Dokumente zu). In seiner Autobiographie bestreitet Kardinal Biffi rückblickend, dass Giuseppe Dossettis *(Berater von Kardinal Lercaro und Verfasser einer demokratischen Geschäftsordnung des Konzils, die eine offene Diskussion der Konzilsväter und die Änderung der von der Kurie vorbereiteten Dokumente erst möglich machte – Anmerkung der Übersetzerin)* politische Erfahrung das Konzil entscheidend geprägt hat. Dagegen ist einzuwenden, dass Dosseti die Erfahrung gemacht hatte, dass es oft Sekretäre sind, welche die Rahmenbedingungen für große Versammlungen festlegen. Eine solch große Versammlung war die verfassunggebende Versammlung des italienischen Parlaments. Dossetti hatte daran teilgenommen. Vielleicht brachte ihn diese politische Erfahrung auf die Idee, dass vier Kardinäle die Konzilsdebatten moderieren sollten; auf diese Weise wurde die Leitung des Konzils in die Hand von Bischöfen gelegt.

zwischen Alternativen hätte wählen und eine Lehrmeinung hätte definieren müssen. Das hätte zur Folge gehabt, dass diejenigen mit dem „Anathema" belegt, das heißt verurteilt worden wären, die dem jeweiligen Dogma nicht zugestimmt hätten;[74] in einem pastoralen Stil leistete das Konzil Überzeugungsarbeit. Dabei nahm es nicht selten alte Inhalte der Bibel oder der Tradition wieder auf und zeigte, wie diese bekannten Wahrheiten neu verstanden oder in die Praxis umgesetzt werden können.

Deswegen denke ich, dass Mitglieder des Volkes Gottes (und folglich auch des Klerus), die weniger durch die Interpretationen der Vergangenheit geprägt sind, sensibler auf das Lebensgefühl heutiger Menschen eingehen können. Wenn sie sich in den seit jeher gültigen Wahrheiten festmachen und deren Wert erkennen, können sie diese neu buchstabieren und so darlegen, dass sie für Männer und Frauen von heute leichter zugänglich sind. Dies kann der Kirche und der Menschheit große Hoffnung geben und denjenigen, die an das Konzil glauben, auch großen Trost spenden.[75]

---

74 So gingen normalerweise die ökumenischen Konzile vor, die eine streng dogmatische Ausrichtung hatten. Sie wurden im Allgemeinen dann zusammengerufen, wenn man die Inhalte des Glaubens gegen Häresien formulieren wollte; wie bereits gezeigt, ging es Papst Johannes von Anfang an um ein „pastorales" Konzil, durch das die Menschen von heute von den seit jeher gültigen Glaubenswahrheiten überzeugt werden sollten.

75 Der frühere Erzbischof von Mailand, C. M. Martini, schreibt in dem Buch „Conversazioni notturne a Gerusalemme", das Interviews mit ihm enthält: „Früher hatte ich Träume bezüglich der Kirche. Einer Kirche, die in Armut und Demut ihren Weg geht, einer Kirche, die nicht von den Mächten dieser Welt abhängt ... Einer Kirche, die Menschen Raum gibt, die in der Lage sind, offener zu denken. Einer Kirche, die Mut macht – vor allem denjenigen, die sich klein oder als Sünder fühlen. Ich träumte von einer jungen Kir-

Im ersten Teil dieses Buches habe ich dargestellt, welche wichtigen Botschaften das Konzil uns schenkt: nämlich die tiefere Vertrautheit mit der Heiligen Schrift, die aktive Teilnahme an der heiligen Liturgie, die Lehre, dass Gott die ganze Menschheit liebt, und die Botschaft, dass die Kirche im Dienst am Reich Gottes steht. Diese Botschaften sollten nicht nur einmal kurz und mit schwacher Stimme verkündet werden. Es ist wichtig, dass Menschen diese großen Botschaften aufnehmen und dann aufrichtig und großherzig leben – damit mit Hilfe dieser Botschaften alle, auch diejenigen, die eher an früheren Denkgewohnheiten hängen, entschieden den Weg der Erneuerung gehen können.

---

che. Heute habe ich diese Träume nicht mehr. Nach 65 Jahren habe ich beschlossen, für die Kirche zu beten."

2. Zeugen und Zeuginnen des Wortes – Arme im Geiste

Das Zweite Vatikanische Konzil hat dafür gesorgt, dass die Gläubigen heute erheblich mehr vom Wort Gottes wissen. Es wird ihnen bei zahlreichen Gelegenheiten angeboten: Vielerorts gibt es zum Beispiel die Praxis der fortlaufenden Lesungen. Sie führt dazu, dass innerhalb eines Jahres die gesamte Bibel gelesen wird. Es gibt auch den Brauch der „lectio biblica", einer Art von Bibelarbeit während der Woche, bei der die Lesungen des folgenden Sonntags bedacht werden. Dabei hat man den Eindruck, dass dies über kleine Gruppen intellektueller oder besonders spirituell ausgerichteter Christinnen und Christen nicht hinausgeht, so dass das Wort Gottes noch lange nicht wirklich der Leitfaden unseres Lebens als Einzelne oder auch der Gesellschaft ist.

Vielleicht sind wir noch zu stark durch Denkgewohnheiten geprägt, in die wir – auch – das Wort Gottes nur in dem Maße einfließen lassen, als es unseren allgemeinen (theologischen) Grundüberzeugungen entspricht; damit gehen wir genauso vor wie die Autoren theologischer Handbücher früherer Zeiten: In ihnen wurden zuerst die theologischen Gedanken vorgestellt und dann durch Bibelsprüche belegt. So wurden die wichtigsten Forderungen des Wortes Gottes an uns letztendlich blockiert oder wenigstens zurechtgestutzt. Sie konnten nur so viel verändern, wie nötig war, damit alles beim Alten blieb.[76]

---

[76] Auch auf dem Konzil gab es diese Erfahrung: Wie bereits erwähnt, hatten einige Konzilsväter auf der Basis des Evangeliums die Verur-

Die Bibel sollten wir meiner Meinung nach als „Arme im Geiste" (Mt 5,3) lesen. Wir sollten uns vor Gott stellen – in der Bereitschaft, alle unsere Sicherheiten loszulassen und unser Vertrauen ganz auf ihn zu setzen; dazu müssen wir dem „Mammon" entsagen, das heißt dem Streben nach Macht und Reichtum. Denn das Wort Gottes macht uns wirklich offen für das Reich Gottes, für eine Welt, wie Gott sie sieht und wie er sie haben will. Dabei zeigt er dem Menschen die Wahrheit seines Lebens und respektiert die Freiheit, mit der er den Menschen bei der Schöpfung begabt hat. Es ist die Wahrheit des menschlichen Lebens und die Fülle einer Menschlichkeit, die in der Zeit beginnt und sich in die Ewigkeit hineinprojiziert.[77]

---

teilung des Krieges überhaupt und damit jedes Krieges gefordert; doch sofort erinnerte man an den „gerechten Krieg" oder wenigstens den „Verteidigungskrieg" (und hätte damals, wenn es diese Begriffe bereits gegeben hätte, sicher auch den „Krieg aus humanitären Gründen" gefordert oder sogar den „Präventivkrieg" gutgeheißen). Dabei verwies man darauf, dass im Fernen Osten (in Vietnam) gerade die christliche Zivilisation verteidigt werde (wenn auch durch den Einsatz von Napalm und durch das Massaker ganzer Dorfbevölkerungen!). Es scheint auch so, dass Papst Paul VI. selbst auf dem Konzil die Bewegung, die offen für die „Kirche der Armen" eintrat, bremste. Er befürchtete, die sich aus deren Ansatz ergebende politische Auseinandersetzung würde auf einen Klassenkampf hinauslaufen (so schrieb Papst Paul VI. dann lieber die Enzyklika *Populorum Progressio*). Möglicherweise verursachte und schürte die Angst vor sozialen und politischen Aufständen gegen Regierungen, die die Kirche protegierten, das Unbehagen Roms gegenüber der Theologie der Befreiung. Man verwies diese in Schranken unter dem Vorwand, sie sei durch den Marxismus inspiriert (so als seien die brasilianischen Wäscherinnen von dieser Ideologie infiltriert und nicht vom Evangelium beeinflusst, das sie vertrauensvoll lasen).

77 Vergleichen könnte man dies mit der Geburt: Wie wir uns durch die neun Monate im Mutterleib auf die Geburt vorbereiten und dadurch unser leibliches Leben nach der Geburt mitbestimmen, so mündet unser zeitliches Leben in unser ewiges Leben, das dann mitbe-

Dies darf jedoch nicht dazu führen, dass wir das irdische Leben für wertlos ansehen, weil wir auf das ewige Leben hinstreben – und uns möglicherweise sogar durch die regelmäßige Teilnahme an liturgischen Feiern den Himmel verdienen wollen. Nein, das Wort Gottes will uns helfen, das irdische Leben in rechter Weise zu leben, in einer Weise, die dann in der Ewigkeit weitergehen kann. So hat Jesus in den dreißig Jahren seines Lebens in Nazareth auf menschlicher Ebene sehr viele Dinge getan, die zwar vergänglich[78], aber dennoch von „ewigem Wert" waren. Denn Jesus vollbrachte sie in völliger Hingabe an die Liebe des Vaters und zugleich in der vollkommenen Fürsorge für das Menschengeschlecht in einer Haltung, die seine gesamte Existenz auszeichnete und die nun sein ewiges Leben ausmacht.

„Arm sein im Geiste" bedeutet folglich nicht, kein Interesse an der Welt zu haben, sondern sie im richtigen Maßstab als etwas „Vorläufiges" zu sehen; setzen wir irdische Wirklichkeiten absolut, dann hängen wir uns total an sie – ja wir verschmelzen fast mit ihnen, machen aus ihnen unseren Götzen, der die Stelle Gottes einnimmt, zum „Mammon". Deswegen sagte Jesus: „Kein Sklave kann zwei Herren dienen; er wird entweder den einen hassen und den andern lieben, oder er wird zu dem einen halten

---

stimmt wird durch die Gegebenheiten, die unsere Freiheit im Zusammenwirken mit der Gnade Gottes während des zeitlichen Lebens selbst mitbestimmt hat.

78 Er war damals als Zimmermann bekannt – „ist das nicht der Zimmermann?", heißt es im Markusevangelium (Mk 6,3). Von Jesu Handwerksarbeiten ist nichts mehr übrig geblieben, schon gar nicht die legendenumwobenen und sicher nachgemachten Reliquien, die die Kreuzfahrer mit zurückbrachten.

und den andern verachten. Ihr könnt nicht beiden dienen, Gott und dem Mammon" (Lk 16,13).

Das gilt für jeden Menschen, für die Gesellschaft und auch für die Kirche. Meiner Meinung nach soll sich jeder Christ und jede Christin nicht nur von der Sklaverei des Mammon frei machen (Macht und Reichtum sind nur Mittel, nicht Zweck, von dem man sich abhängig machen kann). Christinnen und Christen sollen sich auch dafür engagieren, dass die Gesellschaft nicht vom Mammon beherrscht wird (das heißt eine Gesellschaft ist, in der es den Reichen vordringlich um die Verteidigung ihrer Machtpositionen und ihres Reichtums geht). Es ist ihre Aufgabe, der Kirche auf allen Ebenen zu helfen, dass sie sich nicht von einer Art Mammon beherrschen lässt. Denn die Kirche muss unter Menschen leben und handeln, die danach streben, Macht und Reichtum als höchsten Wert anzusehen. Das bringt sie in Gefahr, dieselbe Haltung einzunehmen, ja sich den Menschen anzugleichen. Schließlich will sie mit diesen einen Dialog führen und Verträge schließen, um so ihre eigenen Rechte zu verteidigen.[79]

---

[79] Bekanntermaßen wurde der Papst, das Oberhaupt der Kirche und Stellvertreter Christi auf Erden, im Laufe der Geschichte auch zu einem Staatsoberhaupt. Damit war er verantwortlich für die Vollstreckung von Todesurteilen an Häretikern wie Giordano Bruno oder auch an Verbrechern. Und musste früher der päpstliche Hofstaat nicht mindestens genauso prunkvoll sein wie der Hofstaat von Königen und Kaisern (wenn nicht aus Prestigegründen gar noch prunkvoller)? Es ist kein Zufall, dass der Bischofstitel, der eigentlich einem Priester zusteht, der für eine Diözese verantwortlich ist, auch Männern zuerkannt wird, die einen gewissen Rang innerhalb von Kongregationen oder in Zuständigkeitsbereichen einnehmen oder die direkt dem Papst unterstellt sind und hier einen bestimmten Dienst versehen; doch sucht man für diese „Bischöfe", wie um diese unangebrachte Verbindung doch noch zu legitimieren, eine Diözese, die es nicht mehr gibt. Damit ein Bischof stets Bischof einer Diözese ist, auch wenn diese nicht mehr existiert!

Dass es diese Versuchungen gibt, merkte auch der Papst. Deswegen legte Papst Benedikt XVI. zu Beginn des Jahres 2011 Richtlinien für eine bessere Durchsichtigkeit der Finanzgeschäfte der Kirche fest. Er wollte eine größere Kontrolle und mehr Transparenz in den Finanzangelegenheiten des Vatikans und Transaktionen verhindern, die zwar vielleicht legal sind, in Hinblick auf die Frage der Wertschätzung des Mammons jedoch als fragwürdig erscheinen.

Eine Kirche, die sich nicht nur „für die Armen" einsetzt, sondern selbst „arm" ist, das heißt sich nicht übermäßig um Finanzmittel sorgt, auch wenn diese natürlich notwendig sind, eine Kirche, die vielmehr aufmerksam verfolgt, welches Echo ihre Haltung in der öffentlichen Meinung hervorruft, würde wirklich, wie es die letzten Päpste fordern, nach einer „neuen Evangelisierung" streben! Denn „evangelisieren" meint nicht so sehr die Glaubenswahrheiten darzulegen als vielmehr, sie als einladend erscheinen zu lassen – einladend durch die Art und Weise, wie sie bezeugt werden. Es ist kein Zufall, dass Jesus in der Synagoge von Nazareth seine Berufung anhand eines Textes des Propheten Jesaja (Jes 61,1–2) darstellte, den er dann kommentierte (Lk 4,16 ff). Dieser Text kündigt die neue Zeit an, die mit Jesus beginnt („und ein Gnadenjahr des Herrn ausrufen", Lk 4,19). Die Armen und an den Rand Gedrängten stellt er an die erste Stelle („Er hat mich gesandt, damit ich den Armen eine gute Nachricht bringe; damit ich den Gefangenen die Entlassung verkünde und den Blinden das Augenlicht; damit ich die Zerschlagenen in Freiheit setze"; Lk 4,18). Die ursprüngliche Haltung des Evangelisierens besteht nach Jesu Worten darin, sich auf die Ebene der Kleinsten und Ärmsten zu begeben; nur so kann man alle erreichen. Setzen sich gebildete, mächtige und reiche Menschen selbst an die erste Stelle, so verdrängen sie letztendlich die einfachen und am wenigsten vorbereiteten Menschen – oder schließen diese sogar aus –, obwohl gerade diese Menschen in ihrer Einfachheit vielleicht am meisten bereit sind, die „gute Nachricht" (das Evangelium) aufzunehmen. Diese gute Nachricht besagt, dass Gott die Liebe ist und dass wir einander lieben sollen. Im Lukasevangelium steht, dass Jesus voll Freude mit feierlichen Worten genau das ausdrückt: „In dieser Stunde rief Jesus, vom Heiligen Geist erfüllt, voll Freude aus: Ich preise dich, Vater, Herr des Himmels und der Erde, weil du all das den Weisen und Klugen verborgen, den Unmündigen aber offenbart hast" (Lk 10,21).

Eine Kirche aber, die im Streben nach der Verwirklichung ihrer eigenen Interessen und in deren Verteidigung stets nur um sich selbst kreist, kann nicht wirksam das Evangelium verkünden. Das Konzil selbst mahnt: „Die Kirche selbst bedient sich des Zeitlichen, soweit es ihre Sendung erfordert. Doch setzt sie ihre Hoffnung nicht auf Privilegien, die ihr von der staatlichen Autorität angeboten werden. Sie wird sogar auf die Ausübung von legitim erworbenen Rechten verzichten, wenn feststeht, dass durch deren Inanspruchnahme die Lauterkeit ihres Zeugnisses in Frage gestellt ist, oder wenn veränderte Lebensverhältnisse eine andere Regelung fordern" (GS 76).

Paul VI. sagt, die Welt von heute brauche weniger Lehrer als vielmehr Zeugen und Zeuginnen. Ich glaube, dies gilt vor allem für die Kirche: Sie braucht mehr Zeuginnen und Zeugen und nicht so sehr Lehrer und Lehrerinnen. Das gilt für alle Glieder des Volkes Gottes. Sie sollen wissen, wie man sich gegenüber dem Mammon die eigene Freiheit bewahrt und arm im Geiste bleibt, und zwar in den verschiedensten Bereichen: in der Forschung wie in der Wirtschaft, in der Politik wie in der Verwaltung. Dabei sollen sie dafür sorgen, dass das Gemeinwohl verwirklicht wird, in dem Gruppen und Individuen ihre je eigenen Ziele verfolgen können. Die Zeugen des Glaubens sollten, gerade weil sie wissen, dass die Kirche nicht „arm im Geiste" sein kann, solange sie politische und finanzielle Sicherheiten sucht, der Kirche als Institution helfen, das Ideal der Armut zu verwirklichen. Wie könnte man weiterhin einer Kirche vertrauen, die man als allzu besorgt um den sicheren Fortbestand der eigenen Institutionen wahrnimmt? Und wie einer Kirche, die vordergründig einige „nicht verhandelbare Prinzipien" vertritt, während sie zugleich schweigend blutige Diktaturen toleriert (wenn sie diese nicht sogar heimlich unterstützt) oder eine Art von Politik, die bestimmt wird von „Einzelinteressen" von Personen oder Gruppen und die dann zu einer strukturell bedingten Verarmung und Marginalisierung eines großen Teils der Bevölkerung führt?!

Das Wort Gottes leite uns den Weg zum ewigen Leben – von dem wir wohl wissen, dass es einst der Haltung entsprechen wird, die wir in unserem Leben eingenommen haben, einer Haltung, die das Wort selbst aufzeigt als „arm im Geiste", weil reich an guten Werken (vgl. 1 Tim 6,18), „reich ... an Glauben, Rede und Erkenntnis, an jenem Eifer und an der Liebe" (2 Kor 8,7). Jesus mahnt den jungen Mann, der ihn fragt, was er tun müsse, „um das ewige Leben zu gewinnen" (Mt 19,19), und zugleich erklärt, er habe immer die Gebote gehalten: „Wenn du vollkommen sein willst, geh, verkauf deinen Besitz und gib das Geld den Armen; so wirst du einen bleibenden Schatz im Himmel haben; dann komm und folge mir nach" (Mt 19,21). Der Jüngling aber ging weg und war traurig („denn er hatte ein großes Vermögen", Mt 19,22). Jeder und jede von uns muss sich von der Herrschaft des Mammons (der Macht und des Reichtums) lösen, aufmerksam offen sein für andere und sich ihnen schenken. Nur so kann man wirklich dem Herrn folgen und vollkommen werden.

3. Sich mit Christus, dem vollkommenen Menschen, identifizieren

Jeder Mensch ist für die Vollkommenheit geschaffen und strebt sie an. Das Wort Gottes gibt uns Hinweise, wie wir vollkommen werden können – indem wir uns z. B. beim Sprechen beherrschen (Jak 3,2), die Angst überwinden (1 Joh 4,18), vor allem aber den Nächsten und sogar die Feinde lieben („damit ihr Söhne eures Vaters im Himmel werdet ... Ihr sollt also vollkommen sein, wie es auch euer himmlischer Vater ist" (Mt 5, 44–48).

Der heilige Paulus sieht die Liebe, die bereits heute beginnt und „niemals aufhört" (1 Kor 13,8)[80], als Weg zur Vollendung; diese Liebe finden wir in Christus verwirklicht: „ihn verkünden wir; wir ermahnen jeden Menschen und belehren jeden mit aller Weisheit, um dadurch alle in der Gemeinschaft mit Christus vollkommen zu machen" (Kol 1,28). Paulus behauptet sogar, wer in Christus lebe, bilde fast eine einzige Person mit ihm: „Denn ihr alle, die ihr auf Christus getauft seid, habt Christus (als Gewand) angelegt. Es gibt nicht mehr Juden und Griechen, nicht Sklaven und Freie, nicht Mann und Frau; denn ihr alle seid ‚einer' in Christus Jesus" (Gal 3,27–28). Dabei ist Christus das Haupt dieser Einheit und wir sind der Leib, „... um die Heiligen für die Erfüllung ihres Dienstes zu rüsten, für

---

80 Der heilige Paulus spricht von der Vollkommenheit wie von einem Weg, der dem Weg des Menschen von der Kindheit bis hin zum Erwachsenenalter analog ist (vgl. 1 Kor 13,11–12): „Jetzt schauen wir in einen Spiegel und sehen nur rätselhafte Umrisse, dann aber schauen wir von Angesicht zu Angesicht" (1 Kor 13,12).

den Aufbau des Leibes Christi. So sollen wir alle zur Einheit im Glauben und in der Erkenntnis des Sohnes Gottes gelangen, damit wir zum vollkommenen Menschen werden und Christus in seiner vollendeten Gestalt darstellen" (Eph 4,12–13).[81] Deswegen konnte Paulus auch am Ende sagen: „nicht mehr ich lebe, sondern Christus lebt in mir" (Gal 2,20).

Die Konstitution *Sacrosanctum Concilium* brachte ein Umdenken im Liturgieverständnis: Man rückte ab von einer Frömmigkeit, die die Anbetung des in der konsekrierten Hostie anwesenden Christus in den Mittelpunkt stellte, und betonte nun die Teilnahme der Gläubigen am ewigen Gebet Christi, der in der Eucharistie gegenwärtig ist. Ausgehend von dieser Lehre, entwickelte man eine Liturgie, die das ganze Volk Gottes als aktiv Teilnehmende mit in das Geschehen, das der Priester feiert, einbindet. Je mehr sich das Volk Gottes an Jesu innerer Haltung orientiert, je mehr es sich mit Jesus in dessen absoluter Liebe zum Vater diesem zuwendet und sich wie Jesus ganz an die Menschheit und an jeden einzelnen Menschen hingibt, desto besser kann es sich auch in seinem Beten mit Jesus Christus verbinden.

---

[81] Interessanterweise nimmt Paulus das Bild des Heranwachsens von Kindern bis hin zum Erwachsenenalter noch einmal auf: „Wir sollen nicht mehr unmündige Kinder sein, ein Spiel der Wellen, hin und her getrieben von jedem Widerstreit der Meinungen ... Wir wollen uns, von der Liebe geleitet, an die Wahrheit halten und in allem wachsen, bis wir ihn erreicht haben. Er, Christus, ist das Haupt. Durch ihn wird der ganze Leib zusammengefügt und gefestigt in jedem einzelnen Gelenk. Jedes trägt mit der Kraft, die ihm zugemessen ist. So wächst der Leib und wird in Liebe aufgebaut" (Eph 4,14–16).

Wir können diese Haltung einnehmen, weil uns der gestorbene und auferstandene Jesus die Gabe des Heiligen Geistes gegeben hat und weiterhin in der Eucharistie schenkt. Durch ihn macht er uns immer mehr zu Kindern des Vaters im Himmel und lässt uns selbst als solche Kinder fühlen, die stark und voller Gottvertrauen Brüder und Schwestern jedes Menschen auf Erden sind, mögen sie nun nah oder weit entfernt sein, Freunde oder Feinde. Die Eucharistie verbindet uns alle im Heiligen Geist, der ein Geist der Liebe, der Gemeinschaft und des Friedens ist.

Folglich sollen Menschen, die die Lehre des Konzils in die Praxis umsetzen, die Liturgie für sich selbst und auch für die Gemeinschaft, in der sie leben und arbeiten, zum Gipfel und zur Quelle des kirchlichen Lebens machen (das sagt auch die Konstitution *Sacrosanctum Concilium,* Nr. 10). Es ist ihre Aufgabe, dafür zu sorgen, dass die Eucharistie für jeden einzelnen Christen zum ausdrucksstärksten Moment des eigenen Glaubens wird und zur Quelle von Glauben und Nächstenliebe. Glaube und Nächstenliebe sollten eine Synthese bilden, damit nicht eine einseitig gepflegte Spiritualität verhindert, dass die Gläubigen offen sind für die Nächstenliebe. Es gilt, möglichst intensiv im eigenen Herzen auf das Wort Gottes zu hören und sich zutiefst in die Gegenwart des in Tod und Auferstehung gegenwärtigen Christus hineinzuversenken. Denn er selbst ist „um unsres Heiles willen"[82] in den Tod gegangen, um so ein Leben zu vollenden, das er vollkommen für die anderen gelebt hat: „Der Menschensohn ist nicht gekommen, um

---

82 Daran erinnern die Worte der Wandlung selbst: „Das ist mein Leib, der für euch hingegeben wird", „das ist der Kelch meines Blutes ..., das für euch und für alle vergossen wurde".

sich dienen zu lassen, sondern um zu dienen und sein Leben hinzugeben als Lösegeld für die vielen" (Mt 20, 28), lesen wir bei Matthäus.

Bei der Feier der Liturgie gilt es also zwei Gefahren zu vermeiden: eine zu starke Verinnerlichung und eine zu laute und oberflächliche Gestaltung von Gottesdiensten; denn weder das eine noch das andere kann wirklich den Glauben nähren und zur Nächstenliebe ermutigen. Eine große Gefahr ist auch, dass Menschen sehr häufig an Gottesdiensten teilnehmen und dabei verschlossen und egoistisch bleiben, voller feindseliger Gefühle gegenüber anderen, von denen sie meinen, sie seien ihnen nicht gewogen, intolerant gegenüber allen, die anders denken oder handeln als sie selbst.

Meiner Meinung nach haben gerade die Gläubigen die Aufgabe, ihre Priester um liebenswürdige, von tiefer Spiritualität geprägte Feiern der Liturgie zu bitten, an denen viele aktiv teilnehmen können,[83] mit Momenten der Stille und des Nachdenkens, Gottesdienste, in denen der Chor nicht alle Gesänge übernimmt und die Gemeinschaft zwingt, passiv schweigend zuzuhören. Zugleich sollte die Liturgie so gestaltet werden, dass Predigt, Ermahnungen und Inhalte der Fürbitten die Herzen der Teilnehmenden anrühren und offen machen für das, was in der nächsten Umgebung ebenso wie ihn fernen Ländern geschieht. In jeder Liturgie sollten die Feiernden merken, dass das Hauptmerkmal der christlichen Glaubenspraxis die Solidarität ist. Denn Chris-

---

83 Früher war es üblich, dass der Priester alles tat, was er tun konnte, und ihm die Laien – die Messdiener – nur in den bewegendsten Augenblicken halfen; doch sollte der Priester ausschließlich seine spezifische Aufgabe erfüllen und die Gläubigen das tun lassen, das diese tun können oder müssen (insbesondere die „Fürbitten" vorlesen).

ten und Christinnen glauben an Gott, der Mensch geworden ist um des Heiles aller, ganz besonders aber der Armen, willen. Ihnen will er Hoffnung schenken.

Ferner: Man hört heute häufig die Forderung, Christen sollten sich politisch engagieren, um „unaufgebbare Prinzipien" zu verteidigen. Angefangen von der Verteidigung des Lebens (gemeint als Einsatz gegen Abtreibung und Euthanasie) und bis hin zu einem Eintreten für die Familie. Nicht immer merkt man dabei, dass diese Themen zu ideologischen Schlagworten verkommen – solange man sich nicht wirklich für das beginnende Leben einsetzt, indem man Müttern konkret hilft, die Schwangerschaft auszutragen, indem man für den Kündigungsschutz bei Schwangerschaft und für bezahlbaren Wohnraum für die Neugeborenen sorgt. Es geht darum, eine Politik zu machen, die Jugendlichen hilft, mit Vertrauen in die Zukunft zu schauen, zu heiraten und Kinder zu bekommen. Heuchlerisch ist es, das entstehende Leben zu verteidigen, nicht jedoch das Leben, das bei uns oder in der Ferne heranwächst, und z. B. Hilfeleistungen zu unterlassen – auch die, zu denen man sich aufgrund internationaler Verträge verpflichtet hat – und so die Armen der Welt, die Kinder, die aufgrund von Unterernährung oder nicht behandelter Krankheiten sterben, im Stich lässt; heuchlerisch ist die Verteidigung „unaufgebbarer Werte" auch dann, wenn einen Kriege gleichgültig lassen, durch die zivile Opfer, ja sogar Kinder sterben müssen; ja wenn man diese Kriege dadurch zu rechtfertigen versucht, dass man sie als „Friedensmissionen" oder „Weise der Demokratisierung" von Ländern darstellt, während sie in Wirklichkeit allzu häufig geführt werden, um politische oder wirtschaftliche Begehrlichkeiten zu befriedigen.

Ich glaube, das eigentliche „unaufgebbare Prinzip" ist die Solidarität. Aus Solidarität ist Gott Mensch geworden; die Engel, die im Stall von Bethlehem die Fleischwerdung des Wortes verkündeten (Lk 2,14), verbanden in ihrem Gesang „die Ehre Gottes in der Höhe"[84] mit der Solidarität: „und Friede auf Erden den Menschen, die er liebt". Wenn Jesus also um der Solidarität willen auf die Welt gesandt wurde und wenn dies weiterhin die Sendung ist, die er unter uns vollbringt, dann muss uns die Eucharistie mit der Kraft des Heiligen Geistes stärken, damit wir redlich und großzügig unser Leben in Familie, Beruf und sozialen Beziehungen leben können und dabei Solidarität und Frieden in die Welt hineinbringen: Das sind die grundlegenden „unaufgebbaren Werte". Alle anderen Werte stellen einzelne Anwendungsgebiete dieser Werte dar. Wenn man sie als verschiedene Aspekte eines umfassenden Engagements wahrnimmt, können sie überzeugen.

Die Messe, jede Eucharistiefeier appelliert folglich an die Teilnehmenden, Nächstenliebe und die Solidarität zu verwirklichen.[85] Für Menschen, die nicht bereit sind, im Geiste des Dienens Solidarität zu üben, wird letztendlich der Besuch der Messfeier unwirksam, wenn nicht sogar kontraproduktiv. Wir haben bereits gesehen, dass der heilige Johannes das letzte Abendmahl, die erste Eucharistie, durch die Darstellung der Fußwaschung, durch das Urbild des gegenseitigen Dienens, illustriert. Der heilige Paulus

---

84 Das bedeutet, alles zu tun, damit die Schöpfung, die als die vollkommenste gilt, vom Menschen bis hin zur „Höhe des Himmels" die Größe Gottes offenbart.
85 In der Enzyklika *Sollicitudo rei socialis* nennt Papst Johannes Paul II. Solidarität die heutige Ausdrucksform der Nächstenliebe und „unterscheidendes Merkmal der Jünger Christi".

wiederum kritisiert die Gläubigen, die selbst sofort alles aufessen, während andere hungern. Diesen schreibt er: „Oder verachtet ihr die Kirche Gottes? Wollt ihr jene demütigen, die nichts haben?" (1 Kor 11,20 f). Daraus schließt der Apostel Paulus: „Denn sooft ihr von diesem Brot esst und aus dem Kelch trinkt, verkündet ihr den Tod des Herrn." Wenn die Christen also in der Eucharistiefeier Jesu Sieg über den Egoismus und die allumfassende Geschwisterlichkeit aller Menschen verkünden, sollen sie sich prüfen: „Jeder soll sich selbst prüfen … Denn wer davon isst und trinkt, ohne zu bedenken, dass es der Leib des Herrn ist, der zieht sich das Gericht zu, indem er isst und trinkt" (1 Kor 11,26.29).

Die im Hochgebet vorliegende Verknüpfung von diesen Bedingungen mit der Verleihung der Gnadenfülle klingt bereits in der Bergpredigt an. Diese lehrt nicht nur, dass Gebete nur dann erhört werden, wenn wir zuvor denjenigen vergeben, die uns verletzt haben. Wir sollen uns auch mit den Menschen versöhnen, die aus irgendeinem Grund etwas gegen uns haben.[86] Deswegen ist es so wichtig, die Liturgie aussagekräftig und glaubwürdig zu feiern. Aussagekräftig und mitreißend für die Gläubigen, die Gefahr laufen, in ihr nur einen äußeren Ritus ohne tiefere Bedeutung für das Leben zu sehen – obwohl sie diese nach Überzeugung der Gemeinschaft der Kirche natürlich besitzt. Bedeutungsvoll und mitreißend auch für die Kirche, die selbst in der Versuchung steht, die Eucharistie als reine Gewohnheit anzusehen, die zwar für den Glauben wertvoll

---

86 „Wenn du deine Opfergabe zum Altar bringst und dir dabei einfällt, dass dein Bruder etwas gegen dich hat, so lass deine Gabe dort vor dem Altar liegen; geh und versöhne dich zuerst mit deinem Bruder, dann komm und opfere deine Gabe" (Mt 5,23 f).

ist, jedoch allzu häufig auf menschlicher Ebene als irrelevant und langweilig empfunden wird.

Das Konzil hat die bisherige Weise, Liturgie zu feiern, von der Hülle des Gewohnheitsmäßigen befreit: Machen wir es uns nun zur Aufgabe, Eucharistie als den höchsten Moment und als Quelle unserer Menschlichkeit zu leben. Spüren wir, wie jeder und jede Einzelne von uns die Aufgabe hat, die Kirche, unsere Kirche und unsere Gemeinschaften, so anzuregen, dass die Liturgie für diese Gemeinschaften und vor allem durch sie wirklich der höchste und der am besten gehütete Moment ist, eine Quelle, nach der sich alle Glieder der Gemeinschaft sehnen, und der tiefste Motor ihrer sozialen Beziehungen und Aktivitäten.

4. Erwachsene Christen und Christinnen in der Welt

Weil er alle Menschen retten will, ist Christus der Erlöser der Welt. Bei seiner ersten Vorladung vor das Synedrium (vgl. Apg 4,1–22) sagt der heilige Petrus über Jesus: „Denn es ist uns Menschen kein anderer Name unter dem Himmel gegeben worden, durch den wir gerettet werden sollen" (Apg 4,2). Der heilige Paulus schreibt: „Gott, unser Retter ... will, dass alle Menschen gerettet werden und zur Erkenntnis der Wahrheit gelangen" (1 Tim 2,4), und erklärt das im Anschluss daran so: „Denn: Einer ist Gott, Einer auch Mittler zwischen Gott und den Menschen: der Mensch Christus Jesus, der sich als Lösegeld hingegeben hat für alle" (1 Tim 2,5.6a). Deswegen sollen wir bedenken, dass die Erlösung von Christus kommt, auch wenn das innerhalb der Menschheit nur in verschiedenen Abstufungen anerkannt wird.[87] Wenn nun die Menschheit von Grund auf im Übernatürlichen verwurzelt ist, so muss die Welt sehr viel Gnade enthalten – auch außerhalb der Grenzen der katholischen Kirche. Diese Gnade wirkt in allen, die offen sind für Gott, so wie sie ihm begegnet sind, und offen für andere Menschen, um diese zu verstehen, sie

---

[87] Das hat zur Folge, dass die Mehrzahl der Menschen auf der Welt in der von Christus erwirkten Gnade leben, ohne es zu wissen. Karl Rahner nannte diese Menschen „anonyme Christen". Sie sind in dieser übernatürlichen Gnade geboren worden und bleiben so lange in ihr, solange sie sie nicht aufgrund von persönlichen Sünden verspielen.

aufzunehmen, ihnen zu helfen, auch wenn dies bedeutet, Opfer zu bringen – bis zur Hingabe des eigenen Lebens.[88]

Deswegen sieht das Konzil sowohl alle Religionen und ihre Gläubigen als auch jedes solidarische Engagement weltweit mit einem neuen Blick. Dabei denke ich z. B. daran, dass das Konzil sagt, die Kirche wolle der menschlichen Gesellschaft dadurch helfen, dass sie Kultur und die Solidarität fördert (GS 42), oder durch das konkrete und glaubwürdige Handeln der Christen (GS 43). Zugleich solle die Kirche von der Welt lernen, z. B. die neuesten Erkenntnisse der Wissenschaft, den Nutzen der Kommunikationsmittel und neue kulturelle, ökonomische und soziale Errungenschaften (GS 44). Sie solle sich folglich nicht hinter kirchlichen Begrenzungsmauern wie in ein Ghetto einschließen, sondern mit Wohlwollen auf das schauen, was in der Gesellschaft geschieht. Dabei solle die Kirche danach streben, die Gesellschaft von übertriebenen Verhaltensweisen oder auch Grenzen zu befreien, die das Leben von Menschen gefährden oder deren Grundrechte beeinträchtigen. Der Blick auf die Gesellschaft solle dabei von vorneherein stets von Vertrauen und Sympathie bestimmt sein.[89]

---

88 Jesus selbst zeigt, was das „Reich Gottes" ist. Er lobt den Schriftgelehrten („Du bist nicht weit entfernt vom Reich Gottes"), der über Gott gesagt hatte: „Er allein ist der Herr, und es gibt keinen anderen außer ihm, und ihn mit ganzem Herzen, ganzem Verstand und ganzer Kraft zu lieben und den Nächsten zu lieben wie sich selbst, ist mehr als alle Brandopfer und anderen Opfer" (Mk 12,32–34).

89 Dabei geht es darum, innerkirchlich dem „Weltlichen" den ihm seit langer Zeit anhaftenden Ruf zu nehmen, es sei „antikirchlich", damit deutlich wird, dass es einen Bereich des „Humanen" und „Rationalen" gibt, in dem man von einem eng gefassten Religiösen absehen kann. In diesem Bereich können alle Menschen, egal welcher

Wir haben uns noch zu sehr in der Burg unserer Religion verbarrikadiert. Die Konfrontation mit anderen, noch verschlosseneren Religionen verleitet uns dazu, eine ähnlich abgrenzende Haltung einzunehmen wie diese – während wir doch eigentlich eine ganz andere Aufgabe hätten: Wie es einmal unsere Aufgabe war, zwischen der politischen und der religiösen Perspektive zu unterscheiden,[90] so sollen Christinnen und Christen heute wissen, wie sie all jenen beistehen können, denen wir in der Lage sind zu helfen.[91] Es ist kein Zufall, dass Jesus bei der Aussendung der Jünger (nicht der Apostel, des Klerus, sondern der zweiundsiebzig Jünger – also der Laien) Folgendes sagt: „Wenn ihr in eine Stadt kommt und man euch aufnimmt, so esst, was man euch vorsetzt" – das heißt, lebt so, wie die Leute dort, teilt deren Sorgen und Mühen, damit sie spüren, dass ihr ihre Freunde seid, und euch an ihren Tisch einladen. Dann fährt Jesus fort: „Heilt die Kranken, die dort sind" – das heißt, lebt und arbeitet als Dienende – die Sorge für Kranke ist ein typisches Beispiel für diese Haltung des Dienens. Die unmittelbare Folge aus diesem Verhalten nennt Jesus im nächsten Satz: „Und sagt den Leuten: Das Reich Gottes ist euch nahe" (Lk 10,8 f). Der Herr will also, dass wir in einer Haltung der Achtsamkeit und der Hilfe für andere leben und so Teil der Welt Gottes sind!

Folglich sollen die Mitglieder des Volkes Gottes danach streben, in ihrem eigenen Beruf die größtmögliche Kompetenz zu erwerben, um die eigene Arbeit bestmöglich in

---

Religionszugehörigkeit, ja unabhängig sogar vom Dialog der Religionen, miteinander in einen Dialog treten.

90 „So gebt dem Kaiser, was dem Kaiser gehört, und Gott, was Gott gehört" (Mt 22,21).

91 Vgl. das Gleichnis vom barmherzigen Samariter (Lk 10,25–37).

den Dienst am Nächsten stellen zu können. Uneigennützig sollen sie am Gesellschaftsleben teilnehmen und zum Gemeinwohl beitragen, indem sie sich Gruppen und Bewegungen anschließen, die sich ehrenamtlich für große demokratische und humanitäre Ziele einsetzen und solidarisch dort helfen, wo Menschen im eigenen Umfeld oder in der Welt leiden.

Genau dies soll das Volk Gottes im „Gegenzug dafür" vollbringen, dass das Konzil ihm in der Konstitution über „Die Kirche in der Welt von heute" geholfen hat, die tiefen Werte zu erfassen, die die Größe der menschlichen Person ausmachen, und diese in anderen Menschen zu entdecken – über alle Unterschiede von Geschlecht, Rasse, Kultur und Religion hinweg oder auch innerhalb von diesen. Das Konzil macht Mut, andere Menschen voll Sympathie wahrzunehmen, erfüllt von Sehnsucht nach Dialog, Zusammenarbeit und Frieden. Es ist wichtig, dass Menschen engagiert alle Grenzen überwinden, die durch in einzelnen Menschen wie in ganzen Völkern herrschenden egoistischen Kleingeist, Misstrauen, Unverständnis und Streitsucht geschaffen wurden. Es gilt, ein Gegengewicht zu setzen gegen eine Sexualität, die rein körperliche Befriedigung sucht, die Liebe leer macht und zu Gewalt gegen die Schwächsten, gegen Kinder und Frauen, verführt und Reichtum als Ideal darstellt. Auch Christen haben durch ein schlechtes öffentliches Beispiel zum Entstehen dieser Haltung beigetragen. Dem sollte man das Beispiel einer umfassend und authentisch gelebten Liebe und Solidarität entgegensetzen. Es gilt einzutreten für eine Politik der Solidarität mit den Ärmsten, den Elendsten, den am meisten Marginalisierten bei uns hier und in der ganzen Welt. Wir sollten uns einsetzen für Jugendliche ohne Hoffnung, für Familien in Schwierigkeiten, für Menschen, die verschuldet sind, an den Rand gedrängt wurden, für die ärmsten und am meisten ausgebeuteten Länder der Welt. Wo auch immer sich Christinnen und Christen in der Politik einsetzen – Hauptcharakteristikum und Qualitätsmerkmal einer christlich inspirierten Politik ist die Solidarität.

So sollen wir zu Vordenkern des Friedens werden. Ein Motto der jungen Menschen in den Jahren der 68er Bewegung war: „Make love – not war". Sie äußerten auf diese Weise ihre Sehnsucht nach einer menschlicheren Gesellschaft. Sie lehnten eine Wirtschaftsform ab, die Waffen und Zerstörungsprogramme produzierte.[92] Wir sollten also aufmerksam unseren Blick richten auf ungelöste Spannungen und versteckte Auseinandersetzungen, auf Kriege, die unvermeidbar werden, weil immer mehr und immer ausgeklügeltere Waffen produziert werden. „Zwar" setzt man diese Waffen in Kriegen ein, die man in weit entfernten Ländern vom Zaun bricht und die von gut bezahlten Söldnern geführt werden, doch die Opfer dieser Kriege sind die ärmsten Völker und die Zivilisten, die sich nicht verteidigen können. Gegen diese Missstände aufzustehen ist meiner Meinung nach die wichtigste Aufgabe des Volkes Gottes. Natürlich fühlt sich dieses bereits berufen, Völkern zu Hilfe zu kommen, die am heftigsten von Naturkatastrophen oder Seuchen betroffen sind. Doch

---

92 Damals herrschte der „Kalte Krieg" zwischen den USA und der Sowjetunion. Fortwährend vergrößerten beide Staaten ihre Waffenarsenale. So wollten sie verhindern, dass ihnen der Gegner überlegen sein würde. Zugleich verringerten sich so Ressourcen und Geldmittel, die man eigentlich zum Wohle der Menschheit hätte verwenden müssen.

sollte es sich darüber hinaus das prophetische Eintreten für den Frieden besonders zur Aufgabe machen. Dieses Engagement kritisiert offen die Beziehung zwischen Waffenproduktion und wirtschaftlichem Profit, die schließlich dazu führt, dass Kriege unvermeidlich und Kampagnen für den Frieden wirkungslos werden.[93]

---

[93] Erzbischof Dom Helder Camara aus Brasilien sagte häufig: „Wenn ich den Armen zu essen geben, sagt man, ich sei ein Heiliger. Wenn ich mich aber frage, warum die Menschen arm sind, sagen sie, ich sei ein Kommunist." Der italienische Bischof Tonino Bello meinte wiederholt, wer sich wirklich für den Frieden einsetzen wolle, müsse „annunciare, denunciare, rinunciare" – „verkünden, anklagen und verzichten".

5. Erwachsene Christen und Christinnen im Volk Gottes

Das Konzil hat gelehrt, dass die Kirche das Volk Gottes darstellt und dass Jesus selbst gelehrt hat, die Aufgabe der Hierarchie sei ein Dienst (ministerium). Jeder Christ, jede Christin ist berufen – wie es auf Lateinisch heißt –, „alter Christus", ein „anderer Christus", zu sein. Wie dieser ist auch jeder und jede Einzelne dazu berufen, das prophetische Amt auszuüben: den Glauben zu bezeugen, das priesterliche Amt: das heißt Gnade und Hoffnung präsent zu setzen sowie das königliche Amt des Hirten: das heißt innerhalb der Gemeinschaft die Nächstenliebe zu fördern. Deswegen muss man gerade in der Kirche selbst, für die sich alle ihre Glieder verantwortlich wissen sollten, eine Offenheit für Dialog und Zusammenarbeit fordern. Das gilt nicht nur auf der rein religiösen Ebene (angefangen vom ökumenischen Dialog zwischen verschiedenen christlichen Kirchen bis hin zum interreligiösen Dialog z. B. mit Juden und Muslimen). Das gilt auch für die kulturelle und soziale Ebene. Wichtig ist es auch, eine solidarischere Politik anzuregen. Alle sollten sich als „erwachsene" Christinnen und Christen fühlen mit dem Recht auf eine dem Konzil entsprechende Katechese und Liturgie, in der sie die Bibel besser kennenlernen und Verantwortung tragen für das gemeinsame Gebet. Erwachsene Christinnen und Christen sollten auch fordern, in die Entwicklung von Plänen und von pastoralen Aktivitäten einbezogen zu werden – bei denen der Priester das letzte Wort hat, nachdem zuvor Raum war für viele andere Worte.

Wo das geschieht, können alle Glieder der Kirche ihre Firmung umfassend verwirklichen. Das Sakrament der Firmung ist etwas anderes als die Taufe. Die Taufe lässt entstehen und heranwachsen. Die Firmung ist das Sakrament des Erwachsenseins. Warum sonst sollte man dieses Sakrament empfangen, wenn man dann zwar im Kampf gegen das Böse erwachsen sein soll, jedoch in der Kirche immer schweigen und sich vollkommen unterordnen soll?!

Das Konzil verlangt von allen Gliedern des Volkes Gottes, offen zu sein für alles, was es an Gutem in der Welt gibt (und davon gibt es sehr viel, auch wenn wir oft nur das wahrnehmen, was nicht funktioniert – gemäß dem alten italienischen Sprichwort: „Ein Baum, der fällt, macht mehr Lärm als ein Wald, der wächst"). Das Konzil möchte auch, dass sich die Mitglieder des Volkes Gottes für den zivilen und sozialen Fortschritt einsetzen und dass die Gläubigen in der Kirche nach einem langen Prozess der Meinungsfindung am Ende umso mehr auf die Entscheidungen der Hierarchie hören, je mehr sie zuvor ihr Recht auf Mitsprache und Mitverantwortung verwirklichen konnten.

Das Zweite Vatikanische Konzil fordert die Gläubigen und die Hierarchie dazu auf, als erwachsene Christen und Christinnen zu leben (früher nannte der Katechismus diese auch Christen im Stand der Vollkommenheit). Und es zeigt Mittel und Wege auf, wie man dies erreichen kann. Es sind natürlich die seit jeher praktizierten. Denn seit jeher ist das Volk Gottes berufen zu dieser „göttlichen" Vollkommenheit, die letztendlich die Fülle der Liebe ist.[94] Natürlich sol-

---

[94] „Ihr sollt also vollkommen sein, wie es auch euer himmlischer Vater ist" (Mt 5,48). Die Vollkommenheit, von der Matthäus hier spricht, besteht darin, auch die Feinde zu lieben (vgl. Mt 5,44).

len wir diese seit jeher angestrebte Vollkommenheit in den Gegebenheiten unserer Zeit, unserer Kultur und unserer Art zu fühlen verwirklichen.

Bei Veränderungen vorsichtig vorzugehen kann eine Art von Nächstenliebe denen gegenüber sein, die in der Erneuerung nur langsamer vorankommen.[95] Deswegen sind Behutsamkeit und Langsamkeit in manchen Fällen sicher angebracht. Doch darf die Vorsicht nicht zur Ausrede werden, um unbeweglich stehen zu bleiben. Kardinal Michele Pellegrino, der Erzbischof von Turin, hat einen berühmten Hirtenbrief geschrieben mit dem Titel „Camminare insieme" – „Gemeinsam gehen". Auch wenn „gemeinsam" das „Gehen" beeinflusst, so darf es doch nicht dazu führen, dass man nicht von der Stelle kommt.

---

[95] Bedeutsam ist, wie der heilige Paulus mit der Verlegenheit der Gemeinde von Korinth in Fragen des Götzenopferfleisches umgeht. Dieses Fleisch wurde den Göttern geopfert und danach auf den Markt gebracht. Weil dieses Fleisch wenig kostete, wollten es manche gerne essen. Es war jedoch den Christen suspekt, die es aufgrund seiner Herkunft für „heidnisch" hielten und es deswegen nicht verwenden wollten. Da es für Paulus keine Götter gibt, hält er das Fleisch für ganz normales Fleisch. Der Apostel zieht folgenden Schluss: „Doch gebt Acht, dass diese eure Freiheit nicht den Schwachen zum Anstoß wird ... Wenn darum eine Speise meinem Bruder zum Anstoß wird, will ich überhaupt kein Fleisch mehr essen, um meinem Bruder keinen Anstoß zu geben" (1 Kor 8,9.13).

Nachwort

„Liebe junge Menschen" – so hatte ich mich am Anfang der ersten Fassung dieses Buches direkt an Jugendliche gewandt.[96] Doch dann habe ich den Blickwinkel erweitert und, wie bereits im Vorwort gesagt, das ganze „Volk Gottes" angesprochen. Als alter Mensch zeige ich in diesem Buch meine Gefühle. Denn ich möchte dafür sorgen, dass das Zweite Vatikanische Konzil gut aufgenommen und seine Lehre umgesetzt wird. Ich liebe das Konzil sehr. Es ist für mich die Quelle einer tiefgreifenden Erneuerung in der Kirche und in der Haltung der Christen und Christinnen. Mag sein, dass ich ein wenig ängstlich wirke, weil das Konzil bisher nur begrenzt aufgenommen und noch eingeschränkter verwirklicht wurde. Große Sorge macht mir vor allem, dass gerade diejenigen, die sich auf das Konzil berufen, es nur sehr minimalistisch auslegen. Sie schlagen z. B. zwar eine umfassendere Lektüre der Bibel vor, ohne aber die Bibel für den Dreh- und Angelpunkt des persönlichen Lebens von Christen und Christinnen und der Kirche zu halten. Sie stellen die Liturgie als Gebet des Volkes Gottes dar, ohne aber in ihr wirklich den „Gipfel" und die „Quelle" des Lebens der Kirche und der Gläubigen zu sehen. Ganz zu schweigen vom Volk Gottes, in dem sich die Hierarchie immer engagierter in den Dienst der Gläubi-

---

96 Der italienische Titel dieses Buches lautet: „Il Concilio, i giovani e il popolo di Dio" – Das Konzil, die Jugendlichen und das Volk Gottes *(Anmerkung der Übersetzerin).*

gen stellen sollte, in dem sich jedoch die Gläubigen bis heute als Untergebene der Hierarchie fühlen.

Deswegen fordere ich mit vollem Nachdruck, die pastoralen, aber als solche doch wirklichen und bedeutsamen Reformen des Zweiten Vatikanischen Konzils sollten endlich umgesetzt werden: Das Wort Gottes sollte wirklich dem Leben der Christen und der Kirche Orientierung geben und die Liturgie deren gesamte Existenz und alle ihre Aktivitäten durchdringen. Vor allem sollten die zwar unbequemen, aber dennoch anspruchsvollen „kopernikanischen Wenden" dazu führen, dass die Hierarchie aufmerksam die Stimme des Volkes Gottes hört und ihr den Vorrang gibt. Dieser Dialogprozess sollte das Volk Gottes dazu bewegen, der Menschheit nicht gegenüberzustehen, sondern selbst zum Sauerteig zu werden, um ihr so zu helfen, sich weiterzuentwickeln, und sie zu ermutigen, den Weg zum Reich Gottes zu gehen. Dies ist ein Weg der Offenheit für die Liebe Gottes und der Solidarität mit den anderen Menschen, besonders mit den Kleinsten, den Ärmsten, denjenigen, die am meisten am Rand stehen.

Und ich appelliere nicht nur an junge Menschen, sondern wirklich an alle, als Einzelne wie an Gemeinschaften, die Reformen des Konzils zu bezeugen, zu verkünden und zu verwirklichen. Denn das Konzil ist ein außerordentliches Geschenk, das der Heilige Geist der Kirche und der Menschheit unserer Zeit gemacht hat. Wir sollten uns dafür verantwortlich fühlen, dass die wichtige Botschaft des Konzils wirken kann und in die Praxis umgesetzt wird, damit die Begeisterung und die Hoffnung wieder aufleben, die in den Tagen des Konzils spürbar waren, als es aussah, als erwarte die gesamte Welt vertrauensvoll, dass vom

„Aggiornamento" der katholischen Kirche eine Erneuerung der gesamten Menschheit ausgeht. Alle Menschen guten Willens bitte ich, das gesamte Volk Gottes aufzufordern, das unverkürzt aufzunehmen, was der Heilige Geist der Kirche und der Welt aufgezeigt hat, es intensiv zu leben und mutig zu bekennen, damit sich das Reich Gottes – das Reich des Glaubens und der Liebe – wirklich in unserer Welt ausbreitet und alle auf Widerstand und Gleichgültigkeit beruhende Verschlossenheit im Menschen überwindet.

Und ich schließe mit einem Wunsch, den der heilige Paulus an die Gläubigen in Korinth gerichtet hat (2 Kor 13,15). Die Kirche hat aus diesem Wunsch eine der Eröffnungsformeln der Eucharistiefeier gemacht. Denn Gott liebt uns. Daran erinnern uns die vier Konstitutionen des Zweiten Vatikanischen Konzils. Das bezeugt auch das Wort, das Gott an die gesamte Kirche und an jeden und jede von uns richtet; seine Liebe ist für uns im Geschenk Jesu Christi ständig gegenwärtig. Jesus Christus macht durch seine göttliche Menschlichkeit jedes Geschöpf und folglich auch unsere menschliche Persönlichkeit selbst zu einem übernatürlichen Wesen (Röm 8,22). Unaufhörlich stärkt er in unserem Inneren die Gegenwart und das Wirken des Heiligen Geistes. Dieser bewirkt Gemeinschaft – das Zusammenleben der Verschiedenen – zwischen den Gliedern der Kirche. Er macht sie zu Menschen, die Frieden und Solidarität in die Welt bringen. So schließe ich mit den Worten des heiligen Paulus: „Die Gnade Jesu Christi, des Herrn, die Liebe Gottes und die Gemeinschaft des Heiligen Geistes sei mit euch allen!" (2 Kor 13,13).